AF477218

Todos los libros de Linkgua Ediciones cuentan con modelos de Inteligencia Artificial entrenados por hispanistas. Pregúntale al chat de tu libro lo que desees acerca de la obra o su autor/a.

Para **ebooks**: Accede a nuestro modelo de IA a través de este enlace.

Para **libros impresos**: Escanea el código QR de la portada con tu dispositivo móvil.

Obtén análisis detallados de nuestros libros, resúmenes, respuestas a tus preguntas y accede a nuestras ediciones críticas generativas para una experiencia de lectura más enriquecedora.
La transparencia y el respeto hacia la autoría de las fuentes utilizadas son distintivos básicos de nuestro proyecto. Por ello, las respuestas ofrecen, mediante un sistema de citas, las fuentes con las que han sido elaboradas.

Autores varios

Constitución cubana de 1940

Barcelona 2024
Linkgua-ediciones.com

Créditos

Título original: Constitución cubana de 1940.

© 2024, Red ediciones S.L.

e-mail: info@linkgua.com

Diseño de la colección: Michel Mallard.

ISBN CM: 978-84-9953-605-7.
ISBN tapa dura: 978-84-1126-614-7.
ISBN ebook: 978-84-9897-154-5.

Sumario

Brevísima presentación

Esta Constitución sorprende a muchos por su modernidad y espíritu soberano.

Las razas, la emigración, la condición de la mujer, la igualdad de posibilidades y la defensa de un Estado protector de las clases desfavorecidas son algunos de sus principales atributos.

La posterior historia política de Cuba restringió este texto con sucesivas enmiendas hasta anularlo por completo, sustituyéndolo por la Constitución de 1976. Resulta irónico que participasen en su redacción las mismas fuerzas que después la desvirtuaron. Basta una mirada a la lista de los miembros de su Consejo constituyente:

Carlos Márquez Sterling y Guiral, presidente de la Convención Constituyente. Alberto Boada Miguel, secretario. Emilio Núñez Portuondo, secretario. Salvador Acosta Cáceres. Francisco Alomá y Álvarez de la Campa. Rafael Álvarez González. José R. Andreu Martínez. Manuel Benítez González. Antonio Bravo Acosta. Antonio Bravo Correoso. Fernando del Busto Martínez. Juan Cabrera Hernández. Miguel Calvo Tarafa. Ramiro Capablanca Graupera. José Manuel Casanova Diviño. César Casas Rodríguez. Romárico Cordero Gaeces. Ramón Corona García. Felipe Correoso y del Risco. José Manuel Cortina García. Miguel Coyula Llaguno. Pelayo Cuervo Navarro. Eduardo R. Chibás Rivas. Francisco Dellundé Mustelier. Mario E. Dihígo. Arturo D. Rodríguez. Manuel Dorta Duque. Nicolás Duarte Cajides. Mariano Esteva Lora. José A. Fernández de Castro. Oreste Ferrara Marino. Simeón Ferro Martínez. Manuel Fueyo Suárez. Adriano Galano Sánchez. Salvador García Agüero. Félix García Rodríguez. Quintin George Vemot. Ramón Granda Fernández.

Ramón Grau San Martín. Rafael Guas Inclán. Alicia Hernández de la Bara. Alfredo Homedo Suárez. Francisco Ichaso Macías. Felipe Jay Raoulx. Emilio A. Laurent Dubet. Amaranto López Negrón. Jorge Mañach Robato. Juan Marinello Vidaurreta. Antonio Martínez Fraga. Joaquín Martínez Sáenz. Jorge A. Mendigutía Silveira. Manuel Mesa Medina. Joaquín Mesa Quesada. Gustavo Moreno Lastres. Eusebio Mujal Bamiol. Delio Núñez Mesa. Emilio Ochoa Ochoa. Manuel A. Orizondo Caraballé. Manuel Parrado Rodés. Juan B. Pons Jané. Francisco José Prieto Llera. Carlos Prío Socarrás. Santiago Rey Pernas. Mario Robau Cartaya. Blas Roca Calderío. Primitivo Rodríguez Rodríguez. Esperanza Sánchez Mastrapa. Alberto Silva Quiñones. César Vilar Aguilar. Fernando del Villar de los Ríos. María Esther Villoch Leyva.

Doctores Alberto Boada Miguel y Emilio Núñez Portuondo, secretario de la Convención Constituyente de la República de Cuba.

La modernidad en Cuba

Entre los artículos que merecen especial atención para comprender la modernidad del texto destacan los que siguen:

7

10 (a)

35

37

40

43

47

51

52

56
64
65
68
73
74
90
112
113
188
192
214 (b)
268
276

El respeto de la ley

El lector apreciará que la historia política de Cuba habría
sido otra si se hubiese velado por el cumplimiento de esta
Constitución.

Constitución cubana de 1940

5 de julio de 1940

Nosotros los delegados del pueblo de Cuba, reunidos en Convención Constituyente, a fin de dotarlo de una nueva ley fundamental que consolide su organización como Estado independiente y soberano, apto para asegurar la libertad y la justicia, mantener el orden y promover el bienestar general, acordamos, invocando el favor de Dios, la siguiente Constitución:

Título I. De la nación, su territorio y forma de gobierno

Artículo 1. Cuba es un Estado independiente y soberano organizado como República unitaria y democrática, para el disfrute de la libertad política, la justicia social, el bienestar individual y colectivo y la solidaridad humana.

Artículo 2. La Soberanía reside en el pueblo y de éste dimanan todos los poderes públicos.

Artículo 3. El territorio de la República está integrado por la Isla de Cuba, la Isla de Pinos y las demás islas y cayos adyacentes que con ellas estuvieron bajo la soberanía de España hasta la ratificación del tratado de París, de 10 de diciembre de 1898. La República no concertará ni ratificará pactos o tratados que en forma alguna limiten o menoscaben la Soberanía nacional o la integridad del territorio.

Artículo 4. El Territorio de la República se divide en Provincias y éstas en Términos Municipales. Las actuales Provincias se denominan Pinar del Río, La Habana, Matanzas, Las Villas, Camagüey y Oriente.

Artículo 5. La Bandera de la República es la de Narciso López, que se izó en la fortaleza del Morro de La Habana el día 20 de mayo de 1902, al transmitirse los poderes públicos al pueblo de Cuba. El escudo nacional es el que como tal está establecido por la ley. La República no reconocerá ni consagrará con carácter nacional otra bandera, himno o escudo que aquellos a que este **Artículo** se refiere.

En los edificios, fortalezas y dependencias públicas y en los actos oficiales no se izará más bandera que la nacional, salvo las extranjeras en los casos y en la forma permitidos por el protocolo y por los usos internacionales, los tratados y las leyes. Por excepción podrá enarbolarse en la ciudad de Bayamo, declarada monumento nacional, la bandera de Carlos Manuel de Céspedes.

El Himno nacional es el de Bayamo, compuesto por Pedro Figueredo, y será el único que se ejecute en todas las dependencias de Gobierno, cuarteles y actos oficiales. Los Himnos extranjeros podrán ejecutarse en los casos expresados anteriormente en relación con las banderas extranjeras.

No obstante lo dispuesto en el Párrafo segundo de este **Artículo** en las fortalezas y cuarteles se podrán izar banderas pertenecientes a las Fuerzas Armadas. Asimismo las sociedades, organizaciones o centros de cualquier clase podrán izar sus banderas o insignias en sus edificios, pero siempre el pabellón nacional ocupará lugar preferente.

Artículo 6. El idioma oficial de la República es el español.

Artículo 7. Cuba condena la guerra de agresión; aspira a vivir en paz con los demás Estados y a mantener con ellos relaciones y vínculos de cultura y de comercio.

El Estado cubano hace suyos los principios y prácticas del derecho internacional que propendan a la solidaridad humana, al respeto de la Soberanía de los pueblos, a la reciprocidad entre los Estados y a la paz y la civilización universales.

Título II. De la nacionalidad

Artículo 8. La ciudadanía comporta deberes y derechos, cuyo ejercicio adecuado será regulado por la ley.

Artículo 9. Todo cubano está obligado:

a) A servir con las armas a la patria en los casos y en la forma que establezca la ley;

b) A contribuir a los gastos públicos en la forma y cuantía que la ley disponga;

c) A cumplir la Constitución y las leyes de la República y observar conducta cívica, inculcándola a los propios hijos y a cuantos estén bajo su abrigo, promoviendo en ellos la más pura conciencia nacional.

Artículo 10. El ciudadano tiene derecho:

a) A residir en su patria sin que sea objeto de discriminación ni extorsión alguna, no importa cuáles sean su raza, clase, opiniones políticas o creencias religiosas;

b) A votar según disponga la ley en las elecciones y referendos que se convoquen en la República;

c) A recibir los beneficios de la asistencia social y de la cooperación pública, acreditando previamente en el primer caso su condición de pobre;

d) A desempeñar funciones y cargos públicos;

e) A la preferencia que en el trabajo dispongan la Constitución y la ley.

Artículo 11. La ciudadanía cubana se adquiere por nacimiento o por naturalización.

Artículo 12. Son cubanos por nacimiento:

a) Todos los nacidos en el territorio de la República, con excepción de los hijos de los extranjeros que se encuentren al servicio de su gobierno;

b) Los nacidos en territorio extranjero, de padre o madre cubanos, por el solo hecho de avecindarse aquéllos en Cuba;

c) Los que habiendo nacido fuera del territorio de la República de padre o madre natural de Cuba que hubiesen perdido esta nacionalidad, reclamen la ciudadanía cubana en la forma y con sujeción a las condiciones que señale la ley;

d) Los extranjeros que por un año o más hubiesen prestado servicios en el Ejército Libertador, permaneciendo en éste hasta la terminación de la Guerra de Independencia, siempre que acrediten esta condición con documento fehaciente expedido por el Archivo Nacional.

Artículo 13. Son cubanos por naturalización:

a) Los extranjeros que después de cinco años de residencia continua en el territorio de la República y no menos de uno después de haber declarado su intención de adquirir la nacionalidad cubana, obtengan la carta de ciudadanía con arreglo a la ley, siempre que conozcan el idioma español;

b) El extranjero que contraiga matrimonio con cubana, y la extranjera que lo contraiga con cubano, cuando tuvieren prole de esa unión o llevaren dos años de residencia continua en el país después de la celebración del matrimonio, y siempre que hicieren previa renuncia de su nacionalidad de origen.

Artículo 14. Las cartas de ciudadanía y los certificados de nacionalidad cubana estarán exentas de tributación.

Artículo 15. Pierden la ciudadanía cubana:

a) Los que adquieran una ciudadanía extranjera;

b) Los que sin permiso del Senado entren al servicio militar de otra Nación, o al desempeño de funciones que lleven aparejada autoridad o jurisdicción propia;

c) Los cubanos por naturalización que residan tres años consecutivos en el país de su nacimiento, a no ser que expresen cada tres años, ante la autoridad consular correspondiente, su voluntad de conservar la ciudadanía cubana.

La ley podrá determinar delitos y causas de indignidad que produzcan la pérdida de la ciudadanía por naturalización, mediante sentencia firme de los tribunales competentes;

d) Los naturalizados que aceptasen una doble ciudadanía. La pérdida de la ciudadanía por los motivos consignados en los Incisos b) y c) de este **Artículo** no se hará efectiva sino por sentencia firme dictada en juicio contradictorio ante Tribunal de Justicia, según disponga la ley.

Artículo 16. Ni el matrimonio ni su disolución afectan a la nacionalidad de los cónyuges o de sus hijos.

La cubana casada con extranjero conservará la nacionalidad cubana.

La extranjera que se case con cubano y el extranjero que se case con cubana conservarán su nacionalidad de origen, o adquirirán la cubana, previa opción regulada por la Constitución, la ley o los tratados internacionales.

Artículo 17. La ciudadanía cubana podrá recobrarse en la forma que prescriba la ley.

Artículo 18. Ningún cubano por naturalización podrá desempeñar, a nombre de Cuba, funciones oficiales en su país de origen.

Título III. De la extranjería

Artículo 19. Los extranjeros residentes en el territorio de la República se equiparan a los cubanos:

a) En cuanto a la protección de su persona y bienes;

b) En cuanto al goce de los derechos reconocidos en esta Constitución, con excepción de los que se otorgan exclusivamente a los nacionales.

El Gobierno, sin embargo, tiene la potestad de obligar a un extranjero a salir del territorio nacional en los casos y formas señalados en la ley.

Cuando se trate de extranjeros con familia cubana constituida en Cuba, deberá mediar fallo judicial para expulsión, conforme a lo que prescriben las leyes en la materia.

La ley regulará la organización de las asociaciones de extranjeros, sin permitir discriminación contra los derechos de los cubanos que formen parte de ellas;

c) En la obligación de acabar el régimen económico social de la República;

d) En la obligación de observar la Constitución y la ley;

e) En la obligación de contribuir a los gastos públicos en la forma y cuantía que la ley disponga;

f) En la sumisión a la jurisdicción y resoluciones de los tribunales de justicia y autoridades de la República;

g) En cuanto al disfrute de los derechos civiles, bajo las condiciones y con las limitaciones que la ley prescriba.

Título IV. Derechos fundamentales

Sección I. De los derechos fundamentales

Artículo 20. Todos los cubanos son iguales ante la ley. La República no reconoce fueros ni privilegios.

Se declara ilegal y punible toda discriminación por motivo de sexo, raza, color o clase, y cualquiera otra lesiva a la dignidad humana.

La ley establecerá las sanciones en que incurran los infractores de este precepto.

Artículo 21. Las leyes penales tendrán efecto retroactivo cuando sean favorables al delincuente. Se excluye de este beneficio, en los casos en que haya mediado dolo, a los funcionarios o empleados públicos que delinquen en el ejercicio de su cargo y a los responsables de delitos electorales y contra los derechos individuales que garantiza esta Constitución. A los que incurriesen en estos delitos se les aplicarán las penas y calificaciones de la ley vigente al momento de delinquir.

Artículo 22. Las demás leyes no tendrán efecto retroactivo, salvo que la propia ley lo determine por razones de orden público, de utilidad social o de necesidad nacional, señaladas expresamente en la ley con el voto conforme de las dos terceras partes del número total de los miembros de cada Cuerpo Colegislador. Si fuera impugnado el fundamento de la retroactividad en vía de inconstitucionalidad, corresponderá al Tribunal de Garantías Constitucionales y Sociales decidir sobre el mismo, sin que pueda dejar de hacerlo por razón de forma y otro motivo cualquiera. En todo caso la propia ley establecerá el grado, modo y forma en que se indemnizarán los daños, si los hubiere, que la retroactividad infiriese a los derechos adquiridos legítimamente al amparo de una legislación anterior.

La ley acordada al amparo de este **Artículo** no será válida si produce efectos contrarios a lo dispuesto en el **Artículo** 24 de esta Constitución.

Artículo 23. Las obligaciones de carácter civil que nazcan de los contratos o de otros actos u omisiones que las produzcan no podrán ser anuladas ni alteradas por el Poder Legislativo ni por el Ejecutivo y por consiguiente, las leyes no podrán tener efecto retroactivo respecto a dichas obligaciones. El ejercicio de las acciones que de éstas se deriven podrá ser suspendido, en caso de grave crisis nacional, por el tiempo que fuere razonablemente necesario, mediante los mismos requisitos y sujeto a la impugnabilidad a que se refiere el Párrafo primero del **Artículo** anterior.

Artículo 24. Se prohíbe la confiscación de bienes. Nadie podrá ser privado de su propiedad sino por autoridad judicial competente y por causa justificada de utilidad pública o interés social, y siempre previo al pago de la correspondiente indemnización en efectivo fijada judicialmente.

La falta de cumplimiento de estos requisitos determinará el derecho del expropiado a ser amparado por tribunales de justicia, y en su caso reintegrado en su propiedad.

La certeza de la causa de utilidad pública o interés social y la necesidad de la expropiación corresponderá decidirlas a los tribunales de justicia en caso de impugnación.

Artículo 25. No podrá imponerse la pena de muerte. Se exceptúan los miembros de las Fuerzas Armadas por delitos de carácter militar y las personas culpables de traición o de espionaje en favor del enemigo en tiempo de guerra con Nación extranjera.

Artículo 26. La Ley Procesal Penal establecerá las garantías necesarias para que todo delito resulte probado independientemente del testimonio del acusado, del cónyuge y también de sus familiares hasta el cuarto grado de consanguinidad y segundo de afinidad. Se considerará inocente a todo acusado hasta que se dicte condena contra él.

En todos los casos las autoridades y sus agentes levantarán acta de la detención que firmará el detenido, a quien se le comunicará la autoridad que la ordenó, el motivo que la produce y el lugar adonde va a ser conducido, dejándose testimonio en el acta de todos estos particulares.

Son públicos los registros de detenidos y presos.

Todo hecho contra la integridad personal, la seguridad o la honra de un detenido será imputable a sus aprehensores o guardianes, salvo que se demuestre lo contrario. El subordinado podrá rehusar el cumplimiento de las órdenes que infrinjan esta garantía. El custodio que hiciere uso de las armas contra un detenido o preso que intentare fugarse será necesariamente inculpado y responsable, según las leyes del delito que hubiere cometido.

Ningún detenido o preso será incomunicado.

Solamente la jurisdicción ordinaria conocerá de las infracciones de este precepto, cualesquiera que sean el lugar, circunstancias y personas que en la detención intervengan.

Artículo 27. Todo detenido será puesto en libertad o entregado a la autoridad judicial competente dentro de las veinticuatro horas siguientes al acto de su detención.

Toda detención quedará sin efecto, o se elevará a prisión, por auto judicial fundado, dentro de las setenta y dos horas de haberse puesto el detenido a la disposición del juez competente. Dentro del mismo plazo se notificará al interesado el auto que se dictare.

La prisión preventiva se guardará en lugares distintos y completamente separados de los destinados a la extinción de las penas, sin que puedan ser sometidos los que así guarden prisión a trabajo alguno, ni a la reglamentación del penal para los que extingan condenas.

Artículo 28. Nadie será procesado ni condenado sino por juez o tribunal competente, en virtud de leyes anteriores al delito y con las formalidades y garantías que éstas establezcan. No se dictará sentencia contra el procesado rebelde ni será nadie condenado en causa criminal sin ser oído. Tampoco se le obligará a declarar contra sí mismo, ni contra su cónyuge o parientes dentro del cuarto grado de consanguinidad o segundo de afinidad.

No se ejercerá violencia ni coacción de ninguna clase sobre las personas para forzarlas a declarar. Toda declaración obtenida con infracción de este precepto será nula, y los responsables incurrirán en las penas que fije la ley.

Artículo 29. Todo el que se encuentre detenido o preso fuera de los casos o sin las formalidades y garantías que prevean la Constitución y las leyes, será puesto en libertad, a petición suya o de cualquier otra persona, sin necesidad de poder ni de dirección letrada mediante o sumarísimo procedimiento de hábeas corpus ante los tribunales ordinarios de justicia.

El Tribunal Supremo no podrá dedicar su jurisdicción ni admitir cuestiones de competencia en ningún caso ni por motivo alguno, ni aplazar su resolución que será preferente a cualquier otro asunto. Es absolutamente obligatoria la presentación ante el Tribunal que haya expedido el hábeas corpus de toda persona detenida o presa, cualquiera que sea la autoridad o funcionario, persona o entidad que la retenga, sin que pueda alegarse obediencia debida.

Serán nulas, y así lo declarará de oficio la autoridad judicial cuantas disposiciones impidan o retarden la presentación de la persona privada de libertad, así como las que produzcan cualquier dilación en el procedimiento de hábeas corpus.

Cuando el detenido o preso no fuere presentado ante el Tribunal que conozca de hábeas corpus, éste decretará la detención del infractor, el que será juzgado de acuerdo con lo que disponga la ley.

Los jueces o magistrados que se negasen a admitir la solicitud de mandamiento de hábeas corpus, o no cumplieren las demás disposiciones de este **Artículo**, serán separados de sus respectivos cargos por la Sala de Gobierno del Tribunal Supremo.

Artículo 30. Toda persona podrá entrar y permanecer en el territorio nacional, salir de él, trasladarse de un lugar a otro y mudar de residencia, sin necesidad de carta de seguridad, pasaporte u otro requisito semejante, salvo lo que se disponga en las leyes sobre inmigración y las atribuciones de la autoridad en caso de responsabilidad criminal.

A nadie se obligará a mudar de domicilio o residencia sino por mandato de autoridad judicial y en los casos y con los requisitos que la ley señale.

Ningún cubano podrá ser expatriado ni se le prohibirán la entrada en el territorio de la República.

Artículo 31. La República de Cuba brinda y reconoce el derecho de asilo a los perseguidos políticos, siempre que los acogidos a él respeten la Soberanía y las leyes nacionales.

El Estado no autorizará la extradición de reos de delitos políticos ni intentará extraditar a los cubanos reos de esos delitos que se refugiarán en territorio extranjero.

Cuando procediere, conforme a la Constitución y la ley, la expulsión de un extranjero del territorio nacional, ésta no se verificará si se tratase de asilado político hacia el territorio del Estado que pueda reclamarlo.

Artículo 32. Es inviolable el secreto de la correspondencia y demás documentos privados, y ni aquélla ni éstos podrán ser ocupados ni examinados sino a virtud de auto fundado de juez competente y por los funcionarios o agentes oficiales. En todo caso, se guardará secreto respecto de los extremos ajenos al asunto que motivará la ocupación o examen. En los mismos términos se declara inviolable el secreto de la comunicación telegráfica, telefónica y cablegráfica.

Artículo 33. Toda persona podrá, sin sujeción a censura previa, emitir libremente su pensamiento de palabra, por escrito o por cualquier otro medio gráfico u oral de expresión, utilizando para ello cualesquiera o todos los procedimientos de difusión disponibles.

Solo podrá ser recogida la edición de libros, folletos, discos, películas, periódicos o publicaciones de cualquier índole cuando atente contra la honra de las personas, el orden social o la paz pública, previa resolución fundada de autoridad judicial competente y sin perjuicio de las responsabilidades que se deduzcan del hecho delictuoso cometido.

En los casos a que se refiere este **Artículo** no se podrá ocupar ni impedir el uso y disfrute de los locales, equipos o instrumentos que utilice el órgano de publicidad de que se trate, salvo por responsabilidad civil.

Artículo 34. El domicilio es inviolable y, en su consecuencia nadie podrá entrar de noche en el ajeno sin el consentimiento de su morador, a no ser para socorrer a víctimas de delito o desastre; ni de día, sino en los casos y en la forma determinados por la ley. En caso de suspensión de esta garantía será requisito indispensable para penetrar en el domicilio de una persona que lo haga la propia autoridad competente, mediante orden o resolución escrita de la que se dejará copia auténtica al morador, a su familia o al vecino más próximo, según proceda. Cuando la autoridad delegue en alguno de sus agentes se procederá del mismo modo.

Artículo 35. Es libre la profesión de todas las religiones, así como el ejercicio de todos los cultos, sin otra limitación que el respeto a la moral cristiana y al orden público. La iglesia estará separada del Estado, el cual no podrá subvencionar ningún culto.

Artículo 36. Toda persona tiene derecho a dirigir peticiones a las autoridades y a que le sean atendidas y resueltas en término no mayor de cuarenta y cinco días, comunicándosele lo resuelto. Transcurrido el plazo de la ley, o en su defecto, el indicado anteriormente, el interesado podrá recurrir, en la forma que la ley autorice, como si su petición hubiese sido denegada.

Artículo 37. Los habitantes de la República tienen el derecho de reunirse pacíficamente y sin armas, y el de desfilar y asociarse para todos los fines lícitos de la vida, conforme a las normas legales correspondientes, sin más limitaciones que la indispensable para asegurar el orden público.

Es ilícita la formación y existencia de organizaciones políticas contrarias al régimen del gobierno representativo democrático de la República, o que atenten contra la plenitud de la Soberanía nacional.

Artículo 38. Se declara punible todo acto por el cual se prohíba o limite al ciudadano participar en la vida política de la Nación.

Artículo 39. Solamente los ciudadanos cubanos podrán desempeñar funciones públicas que tengan aparejada jurisdicción.

Artículo 40. Las disposiciones legales, gubernativas o de cualquier otro orden que regulen el ejercicio de los derechos que esta Constitución garantiza, serán nulas si los disminuyen, restringen o adulteran.

Es legítima la resistencia adecuada para la protección de los derechos individuales garantizados anteriormente.

La acción para perseguir las infracciones de este Título es pública, sin caución ni formalidad de ninguna especie y por simple denuncia.

La enumeración de los derechos garantizados en este Título no excluye los demás que esta Constitución establezca, ni otros de naturaleza análoga o que se deriven del principio de la soberanía del pueblo y de la forma republicana del gobierno.

Sección II. De las garantías constitucionales

Artículo 41. Las garantías constitucionales de los derechos reconocidos en los **Artículos** veintiséis, veintisiete, veintiocho, veintinueve, treinta (Párrafos primero y segundo), treinta y dos, treinta y tres, treinta y seis, y treinta siete (Párrafo primero) de esta Constitución podrán suspenderse, en todo o en parte del territorio nacional, por un periodo no mayor de cuarenta y cinco días naturales, cuando lo exija la seguridad del Estado, o en caso de guerra o invasión del territorio nacional, grave alteración del orden u otros que perturben hondamente la tranquilidad pública.

La suspensión de las garantías constitucionales solo podrá dictarse mediante una ley especial acordada por el Congreso, o mediante Decreto del Poder Ejecutivo; pero en este último caso en el mismo Decreto de suspensión se convocará al Congreso para que, dentro de un plazo de cuarenta y ocho horas y reunido en un solo cuerpo, ratifique o no la suspensión, en votación nominal y por mayoría de votos. En el caso de que el Congreso así reunido vetase en contra de la suspensión, las garantías quedarán automáticamente restablecidas.

Artículo 42. El territorio en que fueron suspendidas las garantías a que se refiere el **Artículo** anterior se regirá por la Ley de Orden Público dictada con anterioridad; pero ni en dicha ley ni en otra alguna podrá disponer la suspensión de más garantías que las mencionadas.

Tampoco podrá hacerse declaración de nuevos delitos ni imponerse otras penas que las establecidas por la ley al disponerse la suspensión.

Los detenidos por los motivos que hayan determinado la suspensión deberán ser recluidos en lugares especiales destinados a los procesados o penados por delitos políticos o sociales.

Queda prohibida al Poder Ejecutivo la detención de persona alguna por más de diez días sin hacer entrega de ella a la autoridad judicial.

Título V. De la familia y la cultura

Sección I. Familia

Artículo 43. La familia, la maternidad y el matrimonio tienen la protección del Estado.

Solo es válido el matrimonio autorizado por funcionarios con capacidad legal para realizarlo. El matrimonio judicial es gratuito y será mantenido por la ley.

El matrimonio es el fundamento legal de la familia y descansa en la igualdad absoluta de derechos para ambos cónyuges; de acuerdo con este principio se organizará su régimen económico.

La mujer casada disfruta de la plenitud de la capacidad civil, sin que necesite de licencia o autorización marital para regir sus bienes, ejercer libremente el comercio, la industria, profesión, oficio o arte y disponer del producto de su trabajo.

El matrimonio puede disolverse por acuerdo de los cónyuges o a petición de cualquiera de los dos, por las causas y en la forma establecidas en la ley.

Los tribunales determinarán los casos en que por razón de equidad la unión entre personas con capacidad legal para contraer matrimonio será equiparada, por su estabilidad y singularidad, al matrimonio civil.

Las pensiones por alimentos a favor de la mujer y de los hijos gozarán de preferencia respecto a cualquier obligación y no podrá oponerse a esa preferencia la condición de inembargable de ningún sueldo, pensión o ingreso económico de cualquier clase que sea.

Salvo que la mujer tuviera medios justificados de subsistencia o fuere declarada culpable, se fijará en su beneficio una pensión proporcionada a la posición económica del marido y teniendo en cuenta a la vez las necesidades de la vida social. Esta pensión será pagada y garantizada por el marido divorciado y subsistirá hasta que su ex-cónyuge contrajera nuevo matrimonio, sin perjuicio de la pensión que se fijará a cada hijo, la cual deberá ser también garantizada. La ley impondrá adecuadas sanciones a los que en caso de divorcio, de separación o cualquiera otra circunstancia, traten de burlar o eludir esa responsabilidad.

Artículo 44. Los padres están obligados a alimentar, asistir, educar e instruir a sus hijos, y éstos a respetar y asistir a sus padres. La ley asegurará el cumplimiento de estos deberes con garantías y sanciones adecuadas.

Artículo 45. El régimen fiscal, los seguros y la asistencia social se aplicarán de acuerdo con las normas de protección a la familia establecidas en esta Constitución.

La niñez y la juventud estarán protegidas contra la explotación y el abandono moral y material. El Estado, la Provincia y el Municipio organizarán instituciones adecuadas al efecto.

Artículo 46. Dentro de las restricciones señaladas en esta Constitución, el cubano tendrá libertad de testar sobre la mitad de la herencia.

Sección II. Cultura

Artículo 47. La cultura, en todas sus manifestaciones, constituye un interés primordial del Estado, son libres la investigación científica, la expresión artística y la publicación de sus resultados, así como la enseñanza, sin perjuicio, en cuanto a ésta, de la inspección y reglamentación que al Estado corresponda y que la ley establezca.

Artículo 48. La instrucción primaria es obligatoria para el menor en edad escolar, y su dispensación lo será para el Estado, sin perjuicio de la cooperación encomendada a la iniciativa municipal. Tanto esta enseñanza como la preprimaria y las vocaciones serán gratuitas cuando las imparta el Estado, la Provincia o el Municipio. Asimismo lo será el material docente necesario.

Será gratuita la segunda enseñanza elemental y toda enseñanza superior que imparta el Estado o los Municipios, con exclusión de los estudios preuniversitarios especializados y los universitarios. En los Institutos creados o que se creasen en lo sucesivo con categoría de preuniversitarios, la ley podrá mantener o establecer el pago de una matrícula módica de cooperación, que se destinará a las atenciones de cada establecimiento.

En cuanto le sea posible, la República ofrecerá becas para el disfrute de las enseñanzas oficiales no gratuitas a los jóvenes que habiendo acreditado vocación y aptitud sobresalientes, se vieren impedidos, por insuficiencia de recursos, de hacer tales estudios por su cuenta.

Artículo 49. El Estado mantendrá un sistema de escuelas para adultos, dedicadas particularmente a la eliminación y prevención del analfabetismo; escuelas rurales predominantemente prácticas, organizadas con vista de los intereses de las pequeñas comunidades agrícolas, marítimas o de cualquier clase y escuelas de artes y oficios y de técnica y agrícola, industrial y comercial, orientadas de modo que respondan a las necesidades de la economía nacional. Todas estas enseñanzas serán gratuitas, y a su sostenimiento colaborarán las Provincias y los Municipios en la medida de sus posibilidades.

Artículo 50. El Estado sostendrá las escuelas normales indispensables para la preparación técnica de los maestros encargados de la enseñanza primaria en las escuelas públicas. Ningún otro centro podrá expedir títulos de maestros primarios, con excepción de las Escuelas de Pedagogía de las Universidades.

Lo anteriormente dispuesto no excluye el derecho de las escuelas creadas por la ley para la expedición de títulos docentes en relación con las materias especiales objeto de sus enseñanzas.

Estos títulos docentes de capacidad especial darán derecho a ocupar con toda preferencia las plazas vacantes o que se creen en las respectivas escuelas y especialidades.

Para la enseñanza de la economía doméstica, corte y costura e industria para la mujer, deberá de poseerse el título de maestra de economía, artes, ciencias domésticas e industriales, expedido por la Escuela del Hogar.

Artículo 51. La enseñanza pública se constituirá en forma orgánica de modo que exista una adecuada articulación y continuidad entre todos sus grados, incluyendo el superior. El sistema oficial proveerá al estímulo y desarrollo vocacionales, atendiendo a la multiplicidad de las profesiones y te-

niendo en cuanta las necesidades culturales y prácticas de la
Nación.

Toda enseñanza, pública o privada, estará inspirada en un
espíritu de cubanidad y de solidaridad humana, tendiendo a
formar en la conciencia de los educandos el amor a la patria,
a sus instituciones democráticas y a todos los que por una y
otras lucharon.

Artículo 52. Toda enseñanza pública será dotada en los presupuestos del Estado, la Provincia o el Municipio y se hallará
bajo la dirección técnica y administrativa del Ministerio de
Educación, salvo aquellas enseñanzas que por su índole especial dependan de otros Ministerios.

El Presupuesto del Ministerio de Educación no será inferior al ordinario de ningún otro Ministerio, salvo caso de
emergencia declarada por la ley.

El sueldo mensual del maestro de instrucción primaria no
deberá ser, en ningún caso, inferior a la millonésima parte
del presupuesto total de la Nación.

El personal docente oficial tiene los derechos y deberes de
los funcionarios públicos.

La designación, ascensos, traslados y separación de los
maestros y profesores públicos, inspectores, técnicos y demás funcionarios escolares se regulará de modo que en ello
no influyan consideraciones ajenas a las estrictamente técnicas, sin perjuicio de la vigilancia sobre las condiciones mora-
les que deban concurrir en tales funcionarios.

Todos los cargos de dirección y supervisión de la enseñanza primaria oficial serán desempeñados por técnicos gradua-
dos de la facultad universitaria correspondiente.

Artículo 53. La Universidad de La Habana es autónoma y estará gobernada de acuerdo a sus estatutos y con la ley que los mismos deban anteponerse.

El Estado contribuirá a crear el patrimonio universitario y al sostenimiento de dicha Universidad, consignando a este último fin, en sus presupuestos nacionales, la cantidad que fije la ley.

Artículo 54. Podrán crearse Universidades oficiales o privadas y cualesquiera otras instituciones y centros de altos estudios. La ley determinará las condiciones que hayan de regularlos.

Artículo 55. La enseñanza oficial será laica. Los centros de enseñanza privada estarán sujetos a la reglamentación e inspección del Estado: pero en todo caso conservarán el derecho de impartir, separadamente de la instrucción técnica, la educación religiosa que deseen.

Artículo 56. En todos los centros docentes, públicos o privados, la enseñanza de la Literatura, la Historia y la Geografía Cubana, y de la Cívica y de la Constitución, deberán ser impartidas por maestros cubanos por nacimiento y mediante textos de autores que tengan esa misma condición.

Artículo 57. Para ejercer la docencia se requiere acreditar la capacidad en la forma que la ley disponga.

La ley determinará qué profesiones, artes u oficios no docentes requieren títulos para su ejercicio, y la forma en que deben obtenerse.

El Estado asegurará la preferencia en la Provincia de los servicios públicos a los ciudadanos preparados oficialmente para la respectiva especialidad.

Artículo 58. El Estado regulará por medio de la ley la conservación del tesoro cultural de la Nación, su riqueza artística e histórica, así como también protegerá especialmente los monumentos nacionales y lugares notables por su belleza natural o por su reconocido valor artístico o histórico.

Artículo 59. Se creará un Consejo Nacional de Educación y cultura que, presidido por el Ministerio de Educación, estará encargado de fomentar, orientar técnicamente o inspeccionar las actividades educativas, científicas y artísticas de la Nación.

Su opinión será oída por el Congreso en todo proyecto de ley que se relacione con materias de su competencia.

Los cargos del Consejo Nacional de Educación y Cultura serán honoríficos y gratuitos.

Título VI. Del trabajo y de la propiedad

Sección I. Trabajo

Artículo 60. El trabajo es un derecho inalienable del individuo. El Estado empleará los recursos que estén a su alcance para proporcionar ocupación a todo el que carezca de ella y asegurará a todo trabajador, manual o intelectual, las condiciones económicas necesarias a una existencia digna.

Artículo 61. Todo trabajador manual o intelectual de empresas públicas o privadas, del Estado, la Provincia o el Municipio, tendrá garantizado un salario o sueldo mínimo, que se determinará atendiendo a las condiciones de cada región y a las necesidades normales del trabajador en el orden material, moral, y cultural y considerándolo como jefe de familia.

La ley establecerá la manera de regular periódicamente los salarios sueldos mínimos por medio de comisiones paritarias para cada rama del trabajo, de acuerdo con el nivel de vida y con las peculiaridades de cada región y de cada actividad industrial, comercial o agrícola.

En los trabajos a destajo, por ajuste o precio alzado, será obligatorio que quede racionalmente asegurado el salario mínimo por jornada de trabajo.

El mínimo de todo salario o sueldo es inembargable, salvo las responsabilidades por pensiones alimenticias en la forma que establezca la ley. Son también inembargables los instrumentos de labor de los trabajadores.

Artículo 62. A trabajo igual en idénticas condiciones corresponderá siempre igual salario, cualesquiera que sean las personas que lo realicen.

Artículo 63. No se podrá hacer en el sueldo o salario de los trabajadores manuales e intelectuales ningún descuento que no esté autorizado por la ley.

Artículo 64. Queda totalmente prohibido el pago en vales, fichas, mercancías o cualquier otro signo representativo con que se pretenda sustituir la moneda del curso legal. Su contravención será sancionada por la ley.

Artículo 65. Se establecen los seguros sociales como derecho irrenunciable e imprescindible de los trabajadores, con el concurso equitativo del Estado, los patronos y los propios trabajadores, a fin de proteger a éstos de manera eficaz contra la invalidez, la vejez, el desempleo y demás contingencias del trabajo en la forma que la ley determine. Se establece asimismo el derecho de jubilación por antigüedad y el de pensión por causa de muerte.

La administración y el gobierno de las instituciones a que se refiere el Párrafo primero de este **Artículo** estarán a cargo de organismos paritarios elegidos por patronos y obreros con la intervención de un representante del Estado, en la forma que determine la ley salvo el caso de que se creara por el Estado el Banco de Seguros Sociales.

Se declara igualmente obligatorio el seguro por accidentes del trabajo y enfermedades profesionales, a expensas exclusivamente de los patronos y bajo la fiscalización del Estado.

Los fondos o reservas de los seguros sociales no podrán
ser objeto de transferencias, ni se podrá disponer de los mismos para fines distintos de los que determinaron su creación.

Artículo 66. La jornada máxima de trabajo no podrá exceder
de ocho horas al día. Este máximo podrá ser reducido hasta
seis horas diarias para los mayores de catorce años y menores
de dieciocho.

La labor máxima semanal será de cuarenta y cuatro horas,
equivalentes a cuarenta y ocho en el salario, exceptuándose
las industrias que, por su naturaleza, tienen que realizar su
producción ininterrumpidamente dentro de cierta época del
año, hasta que la ley determine sobre el régimen definitivo de
esta excepción.

Queda prohibido el trabajo y el aprendizaje a los menores
de catorce años.

Artículo 67. Se establece para todos los trabajadores manuales e intelectuales el derecho al descanso retribuido de un mes
por cada once de trabajo dentro de cada año natural. Aquellos que, por la índole de su trabajo u otra circunstancia, no
hayan laborado los once meses, tienen derecho al descanso
retribuido de duración proporcional al tiempo trabajado.
Cuando por ser fiesta o duelo nacional los obreros vaguen
en su trabajo los patronos deberán abonarles los salarios correspondientes.

Solo habrá cuatro días de fiesta y duelos nacionales en que
sea obligatorio el cierre de los establecimientos industriales
o comerciales o de los espectáculos públicos, en su caso. Los
demás serán de fiesta o duelo oficial y se celebrarán sin que se
suspendan las actividades económicas de la Nación.

Artículo 68. No podrá establecerse diferencia entre casadas y solteras a los efectos del trabajo.

La ley regulará la protección a la maternidad obrera, extendiéndola a las empleadas.

La mujer grávida no podrá ser separada de su empleo, ni se le exigirá efectuar, dentro de los tres meses anteriores al alumbramiento, trabajos que requieran esfuerzos físicos considerables.

Durante las seis semanas que precedan inmediatamente al parto, y las seis que le sigan, gozará de descanso forzoso, retribuido igual que su trabajo conservando el empleo y todos los derechos anexos al mismo y correspondientes a su contrato de trabajo. En el periodo de lactancia se le concederán dos descansos extraordinarios al día, de media hora cada uno, para alimentar a su hijo.

Artículo 69. Se reconoce el derecho de sindicación a los patronos, empleados privados y obreros, para los fines exclusivos de su actividad económico social.

La autoridad competente tendrá un término de treinta días para admitir o rechazar la inscripción de un sindicato obrero o patronal. La inscripción determinará la personalidad jurídica del sindicato obrero patronal. La ley regulará lo concerniente al reconocimiento del sindicato por los patronos y por los obreros, respectivamente.

No podrán disolverse definitivamente los sindicatos sin que recaiga sentencia firme de los tribunales de justicia.

Las directivas de estas asociaciones estarán integradas exclusivamente por cubanos por nacimiento.

Artículo 70. Se establece la colegiación obligatoria de las demás profesiones reconocidas oficialmente por el Estado.

Artículo 71. Se reconoce el derecho de los trabajadores a la huelga y el de los patrones al paro, conforme a la regulación que la ley establezca para el ejercicio de ambos derechos.

Artículo 72. La ley regulará el sistema de contratos colectivos de trabajo, los cuales serán de obligatorio cumplimiento para patronos y obreros.

Serán nulas y no obligarán a los contratantes, aunque se expresen en un convenio de trabajo u otro pacto cualquiera, las estipulaciones que impliquen renuncia, disminución, adulteración o dejación de algún derecho reconocido a favor del obrero en esta Constitución o en la ley.

Artículo 73. El cubano por nacimiento tendrá en el trabajo una participación preponderante, tanto en el importe total de los sueldos y salarios como en las distintas categorías de trabajo, en la forma que determine la ley.

También se extenderá la protección al cubano naturalizado con familia nacida en el territorio nacional, con preferencia sobre el naturalizado que no se halle en esas condiciones y sobre los extranjeros.

En el desempeño de los puestos técnicos indispensables se exceptuará de lo preceptuado en los párrafos anteriores al extranjero, previa las formalidades de la ley y siempre con la condición de facilitar a los nativos el aprendizaje del trabajo técnico de que se trate.

Artículo 74. El Ministerio del Trabajo cuidará, como parte esencial, entre otras, de su política social permanente, de que en la distribución de oportunidades de trabajo en la industria y en el comercio no prevalezcan prácticas discriminatorias de ninguna clase. En las remociones de personal, y en la creación de nuevas plazas, así como en las nuevas fábricas, industrias o comercios que se establecieren será obligatorio distribuir las oportunidades de trabajo sin distingos de raza o color, siempre que se satisfagan los requisitos de idoneidad. La ley establecerá que toda otra práctica será punible y perseguible de oficio o a instancia de parte afectada.

Artículo 75. La formación de empresas cooperativas, ya sean comerciales, agrícolas, industriales, de consumo o de cualquier otra índole, serán auspiciadas por la ley; pero ésta regulará la definición, Constitución y funcionamiento de tales empresas de modo que no sirvan para eludir o adulterar las disposiciones que para el régimen del trabajo establece esta Constitución.

Artículo 76. La ley regulará la inmigración atendiendo el régimen económico nacional y a las necesidades sociales. Queda prohibida la importación de braceros contratados, así como toda inmigración que tienda a envilecer las condiciones del trabajo.

Artículo 77. Ninguna empresa podrá despedir a un trabajador sin previo expediente y con las demás formalidades que establezca la ley, la cual determinará las causas justas de despido.

Artículo 78. El patrono será responsable del cumplimiento de las leyes sociales, aun cuando contrate el trabajo por intermediario. En todas las industrias y clases de trabajo en que se requieran conocimientos técnicos, será obligatorio el aprendizaje en la forma que establezca la ley.

Artículo 79. El Estado fomentará la creación de viviendas baratas para obreros.

La ley determinará las empresas que, por emplear obreros fuera de los centros de población, estarán obligadas a proporcionar a los trabajadores habitaciones adecuadas escuelas, enfermerías, y demás servicios y atenciones propicias al bienestar físico y moral del trabajador y su familia.

Asimismo la ley reglamentará las condiciones que deban reunir los talleres, fábricas y locales de trabajo de todas clases.

Artículo 80. Se establecerá la asistencia social bajo la dirección del Ministerio de Salubridad y Asistencia Social, organizándolo por medio de la legislación pertinente, y proveyéndolo a las reservas necesarias con los fondos que la misma determine.

Se establecen las carreras hospitalarias, sanitarias, forense y las demás que fueren necesarias para organizar en forma adecuada los servicios oficiales correspondientes.

Las instituciones de beneficencia del Estado, la Provincia y el Municipio prestarán sus servicios con carácter gratuito solo a los pobres.

Artículo 81. Se reconoce el mutualismo como principio y práctica sociales. La ley regulará su funcionamiento de manera que disfruten de sus beneficios las personas de recursos modestos y sirva, a la vez de justa y adecuada protección al profesional.

Artículo 82. Solamente podrán ejercer las profesiones que requieren título oficial, salvo lo dispuesto en el **Artículo 57** de esta Constitución, los cubanos por nacimiento, los naturalizados que hubieren obtenido esa condición con cinco años o más de anterioridad a la fecha en que solicitaren la autorización para ejercer. El Congreso podrá, sin embargo por ley extraordinaria, acordar la suspensión temporal de este precepto cuando, por razones de utilidad pública resultase necesaria o conveniente la cooperación de profesionales o técnicos extranjeros en el desarrollo de iniciativas públicas o privadas de interés nacional. La ley que así lo acordare fijará el alcance y término de la autorización.

En el cumplimiento de este precepto, así como en los casos en que por alguna ley o reglamento se regule el ejercicio de cualquiera nueva profesión, arte u oficio, se respetarán los derechos al trabajo adquiridos por las personas que hasta ese momento hubieran ejercido la profesión, arte u oficio de que se trate, y se observarán los principios de reciprocidad internacional.

Artículo 83. La ley regulará la forma en que podrá realizarse el traslado de fábricas y talleres a los efectos de evitar que se envilezcan las condiciones de trabajo.

Artículo 84. Los problemas que se deriven de las relaciones entre el capital y el trabajo se someterán a comisiones de conciliación integradas por representaciones paritarias de patronos y obreros. La ley señalará el funcionario judicial que presidirá dichas comisiones en el Tribunal nacional ante el cual sus resoluciones serán recurribles.

Artículo 85. A fin de asegurar el cumplimiento de la legislación social, el Estado proveerá a la vigilancia e inspección de las empresas.

Artículo 86. La enumeración de los derechos y beneficios a que esta **Sección** se refiere no excluye otros que se deriven del principio de la justicia social y serán aplicables por igual a todos los factores concurrentes al proceso de la producción.

Sección II. Propiedad

Artículo 87. El Estado cubano reconoce la existencia y legitimidad de la propiedad privada en su más amplio concepto de función social y sin más limitaciones que aquellas que por motivos de necesidad pública o interés social establezca la ley.

Artículo 88. El subsuelo pertenece al Estado, que podrá hacer concesiones para su explotación, conforme a lo que establezca la ley. La propiedad minera concedida y no explotada dentro del término que fije la ley, será declarada nula y reintegrada al Estado.

Artículo 89. El Estado tendrá el derecho de tanteo en toda adjudicación, o venta forzosa de propiedades inmuebles y de valores representativos de propiedades inmobiliarias.

Artículo 90. Se proscribe el latifundio y a los efectos de su desaparición, la ley señalará el máximo de extensión de la propiedad que cada persona o entidad pueda poseer para cada tipo de explotación a que la tierra se dedique y tomando en cuenta las respectivas peculiaridades.

La ley limitará restrictivamente la adquisición y posesión de la tierra por personas y compañías extranjeras y adoptará medidas que tiendan a revertir la tierra al cubano.

Artículo 91. El padre de familia que habite, cultive, y explote directamente una finca rústica de su propiedad, siempre que el valor de ésta no exceda de 2.000 pesos, podrá declararla con carácter irrevocable como propiedad familiar, en cuanto fuera imprescindible para su vivienda y subsistencia, y quedará exenta de impuestos y será inembargable e inalienable salvo por responsabilidades anteriores a esta Constitución. Las mejoras que excedan de la suma anteriormente mencionada abonarán los impuestos correspondientes en la forma que establezca la ley. A los efectos de que pueda explorarse dicha propiedad, su dueño podrá gravar o dar en garantía siembras, plantaciones, frutos y productos de la misma.

Artículo 92. Todo autor o invento disfrutará de la propiedad exclusiva de su obra o invención, con las limitaciones que señale la ley en cuanto a tiempo y forma.

Las concesiones de marcas industriales y comerciales y demás reconocimiento de crédito mercantil con indicaciones de procedencia cubana, serán nulos si se usaren, en cualquier forma, para amparar o cubrir artículos manufacturados fuera del territorio nacional.

Artículo 93. No se podrán imponer gravámenes perpetuos sobre la propiedad del carácter de los censos y otros de naturaleza análoga y en tal virtud queda prohibido su establecimiento. El Congreso en término de tres legislaturas, aprobará una ley regulando la liquidación de los existentes.

Quedan exceptuados de lo prescrito en el Párrafo anterior los censos o gravámenes establecidos o que se establezcan a beneficio del Estado, la Provincia o el Municipio, o a favor de instituciones públicas de toda clase o de instituciones privadas de beneficencia.

Artículo 94. Es obligación del Estado hacer cada diez años por lo menos un Censo de población que refleje todas las actividades económicas y sociales del país, así como publicar regularmente un Anuario Estadístico.

Artículo 95. Se declaran imprescriptibles sobre los bienes de las instituciones de beneficencia.

Artículo 96. Se declaran de utilidad pública, y por lo tanto en condiciones de ser expropiadas por el Estado, la Provincia o el Municipio, aquellas porciones de terreno que donadas por personas de la antigua nobleza española para la fundación de una villa o población y empleadas efectivamente para este fin, adquiriendo el carácter de Ayuntamiento, fueron posteriormente ocupadas o inscritas por los herederos o causahabientes del donante.

Los vecinos de dicha villa o ciudad que posean edificios u ocupen solares en la parte urbanizada podrán obtener en la entidad expropiadora, que se le transmita el dominio y pose-

sión de los solares o parcelas que ocupen, mediante el pago
del precio proporcional que corresponda.

Título VII. Del sufragio y de los oficios públicos

Sección I. Sufragio

Artículo 97. Se establece para todos los ciudadanos cubanos como derecho, deber y función el sufragio universal, igualitario y secreto.

Esta función será obligatoria; y todo el que salvo impedimento admitido por la ley, dejare de votar en una elección o referendo será objeto de las sanciones que la ley le imponga y carecerá de capacidad para ocupar magistratura o cargo público alguno durante dos años, a partir de la fecha de la infracción.

Artículo 98. Por medio del referendo decidirá la mayoría de los votos válidamente emitidos, salvo las excepciones establecidas en esta Constitución. El resultado se hará público de modo oficial tan pronto como lo conozca el organismo competente. El voto se contará única y exclusivamente a la persona a cuyo favor se haya depositado, sin que pueda acumulársele a otro candidato. Además, en los casos de representación proporcional se contará el sufragio emitido a favor del candidato para determinar el factor del partido.

Artículo 99. Son electores todos los cubanos de uno u otro sexo, mayores de veinte años, con excepción de los siguientes:

   a) Los asilados;

   b) Los incapacitados mentalmente, previa declaración judicial de su incapacidad;

c) Los inhabilitados judicialmente por causa de delito;

d) Los individuos pertenecientes a las Fuerzas Armadas o de Policía que estén en servicio activo.

Artículo 100. El código electoral establecerá el carnet de identidad, con la fotografía del elector, su firma y huellas digitales y los demás requisitos necesarios para la mejor identificación.

Artículo 101. Es punible toda forma de coacción para obligar a un ciudadano a afiliarse, votar o manifestar su voluntad en cualquier operación electoral.

Se castigará esta infracción y se aplicará el duplo de la pena, además de imponerse la inhabilitación permanente para el desempeño de cargos públicos, cuando la coacción la ejecute por sí o por persona intermedia una autoridad o su agente, funcionario o empleado.

Artículo 102. Es libre la organización de partidos y asociaciones políticas, no podrán, sin embargo, formarse agrupaciones políticas de raza, sexo o clase.

Para la Constitución de nuevos partidos políticos es indispensable presentar, junto con la solicitud correspondiente, un número de adhesiones igual o mayor al 2 % del Censo electoral correspondiente, según se trate de partidos nacionales, provinciales o municipales. El partido que en una elección general o especial no obtenga un número de votos que represente dicho tanto por ciento desaparecerá como tal o se procederá de oficio a tacharlo del Registro de Partidos. Solo podrán presentar candidatura los partidos políticos. Se reorganizarán en un solo día, seis meses antes de cada elección presidencial o de gobernadores y de alcaldes o concejales o para delegados a una Convención Constituyente. El Tribunal Superior Electoral tachará, de oficio, del Registro de Partidos los que en tal oportunidad no se reorganizaron.

Las Asambleas de los partidos conservarán todas sus facultades y no podrán disolverse sino mediante reorganización legal. En todo caso serán los únicos organismos encargados de acordar postulaciones, sin que en ningún caso pueda delegarse esta facultad.

Artículo 103. La ley establecerá reglas y procedimientos que garanticen la intervención de las minorías en la formación del Censo de electores, en la organización o reorganización de las asociaciones y partidos políticos y en las demás operaciones electorales, y les asegurará representación en los organismos electivos del Estado, la Provincia y el Municipio.

Artículo 104. Son nulas todas aquellas disposiciones modificativas de la legislación electoral que sean dictadas después de haberse convocado una elección o referendo o antes de que tomen posesión los que resulten electos o se conozca el resultado definitivo del referendo. Se exceptúan de esta prohibición aquellas modificaciones que fueren pedidas expresamente por el Tribunal Superior Electoral y se acordasen por las dos terceras partes del Congreso.

Desde la convocatoria a elecciones hasta la toma de posesión de los electos, el Tribunal Superior Electoral tendrá jurisdicción sobre las Fuerzas Armadas y sobre los Cuerpos de Policía, al solo objeto de garantizar la pureza de la función electoral.

Sección II. Oficios públicos

Artículo 105. Son funcionarios, empleados y obreros públicos los que, previa demostración de capacidad y cumplimiento de los demás requisitos y formalidades establecidos por la ley, sean designados por autoridad competente para el desempeño de funciones o servicios públicos y perciban o no sueldo o jornal con cargo a los presupuestos del Estado, la Provincia o el Municipio o de entidades autónomas.

Artículo 106. Los funcionarios, empleados y obreros públicos civiles de todos los poderes del Estado, los de la Provincia, del Municipio y de las entidades o corporaciones autónomas, son servidores exclusivamente de los intereses generales de la República y su inamovilidad se garantiza por esta Constitución, con excepción de los que desempeñen cargos políticos y de confianza.

Artículo 107. Son cargos políticos y de confianza:
a) Los ministros y subsecretarios de despacho, los embajadores, enviados extraordinarios y ministros plenipotenciarios y los directores generales, éstos en los casos en que la ley no los declare técnicos;
b) Todo el personal adscrito a la oficina particular inmediata de los ministros y subsecretarios de despacho;
c) Los secretarios particulares de los funcionarios;
d) Los secretarios de las Administraciones provinciales y municipales, los jefe de departamento de esos organismos y el personal adscrito a la oficina particular inmediata de los gobernadores y alcaldes;

e) Los funcionarios, empleados y obreros públicos civiles nombrados con carácter temporal, con cargo a consignaciones ocasionales, cuya duración no alcance el año fiscal.

Artículo 108. El ingreso y el ascenso en los cargos públicos no exceptuados en el **Artículo** anterior solo podrán obtenerse después que los aspirantes hayan cumplido los requisitos y sufrido, en concurso de méritos, las pruebas de idoneidad y de capacidad que la ley establecerá, salvo en aquellos casos que, por la naturaleza de las funciones de que se trate, sean declarados exentos por la ley.

Artículo 109. No se podrán imponer sanciones administrativas a los funcionarios, empleados y obreros públicos sin previa formación de expediente, instruido con audiencia del interesado y con los recursos que establezca la ley. El procedimiento deberá ser siempre sumario.

Artículo 110. El funcionario, empleado u obrero público que sustituya al que haya sido removido de su cargo se considerará sustituto provisional mientras no sea resuelta definitivamente la situación del sustituido, y solo podrá invocar, en su caso los derechos que le correspondan en el cargo de que proceda.

Artículo 111. Las excedencias forzosas solo podrán decretarse por refundición o supresión de plazas, respetando la antigüedad de quienes las desempeñen. Los excedentes tendrán derecho preferente a ocupar, por orden de antigüedad, cargos de iguales o análogas funciones que se establecieran o vacaren en la misma categoría o en la inmediata inferior.

Artículo 112. Nadie podrá desempeñar simultáneamente más de un cargo en las entidades o corporaciones autónomas, con excepción de los casos que señala esta Constitución.

Las pensiones o jubilaciones del Estado, la Provincia y el Municipio son supletorias de las necesidades de sus beneficiarios. Los que tengan bienes de fortuna propio solo podrán percibir la parte de la pensión o jubilación que sea necesaria para que sumada a los ingresos propios, no exceda del máximum de pensión que la ley fijará. Igual criterio se aplicará para la percepción de más de una pensión.

Nadie podrá percibir efectivamente, por concepto alguno, pensión, jubilación o retiro de más de 2.400 pesos al año, y la escala porque se abonen será unificada y extensiva a todos los pensionados o jubilados.

Las personas que hoy disfrutan pensiones, retiros o jubilaciones mayores de 2.400 pesos anuales no recibirán efectivamente mayor cantidad anual.

Como homenaje de la República a sus libertadores quedan exceptuados de lo dispuesto en los Párrafos anteriores los miembros del Ejército Libertador de Cuba, sus viudas e hijos con derecho a pensión.

Artículo 113. Será obligación del Estado el pago mensual de las jubilaciones y pensiones por servicios prestados al Estado, la Provincia y el Municipio en la proporción que permita la situación del Tesoro Público y que en ningún caso será menor del 50 % de la cuantía básica legal.

Las cantidades para jubilaciones y pensiones se consignarán cada año en el presupuesto general de la nación.

Ninguna pensión o jubilación será menor de la cantidad que como jornal mínimo se halle vigente a virtud de lo establecido en el **Artículo** sesenta y uno de esta Constitución.

Las jubilaciones y pensiones de los funcionarios y empleados del Estado, la Provincia y el Municipio comprendidas en la Ley General de Pensiones que rija, se pagarán en la misma oportunidad que sus haberes a los funcionarios y empleados en activo servicio quedando el Estado, la Provincia y el Municipio obligados en su caso, a arbitrar los recursos necesarios para atender a esta obligación.

El pago de las pensiones a veteranos de la Guerra de Independencia y a sus familiares se considerará preferente a toda otra obligación del Estado.

Artículo 114. El ingreso de la carrera notarial y en el Cuerpo de registradores de la Propiedad será, en lo sucesivo, por oposición regulada por la ley.

Artículo 115. La acumulación y manejo de los fondos de los retiros sociales podrán ser independientes en la forma que determine la ley; pero dentro de las cuatro legislaturas siguientes a la promulgación de esta Constitución el Congreso dictará una ley estableciendo las normas de carácter general por la que se regirán todas las jubilaciones y pensiones existentes, o que se creen en el futuro en lo que se refiere a beneficios, contribuciones, requisitos mínimos y garantías.

Artículo 116. Para resolver las cuestiones relativas a los servicios públicos se crea un organismo de carácter autónomo, que se denominará Tribunal de Oficios Públicos y que estará integrado por siete miembros, designados en la siguiente forma:

Uno, por el pleno del Tribunal Supremo de Justicia y que deberá reunir las mismas condiciones requeridas para ser magistrado de dicho Tribunal.

Uno, designado por el Congreso, que deberá poseer título académico expedido por entidad oficial;

Uno, designado por el presidente de la República, previo acuerdo del Consejo de Ministros, y que deberá tener reconocida experiencia en cuestiones administrativas;

Uno, designado por el Consejo Universitario, previa la toma elevada al efecto por la Facultad de Ciencias Sociales, de la cual deberá ser graduado;

Uno, por los empleados del Estado;

Uno, por los empleados de la Provincia; y

Uno, por los del Municipio. Los tres últimos miembros deberán tener conocida experiencia en las ramas respectivas.

La resolución que dicte el Tribunal de Oficios Públicos causará estado y será de inmediato cumplimiento, sin perjuicio de los recursos que la ley establezca.

Artículo 117. La ley establecerá las sanciones correspondientes a quienes infrinjan los preceptos contenidos en esta **Sección**.

Título VIII. De los órganos del estado

Artículo 118. El Estado ejerce sus funciones por medio de los Poderes Legislativo, Ejecutivo y Judicial y los organismos reconocidos en la Constitución o que conforme a la misma se establezcan por la ley.

Las Provincias y los Municipios, además de ejercer sus funciones propias coadyuvan a la realización de los fines del Estado.

Título IX. Del poder legislativo

Sección I. De los Cuerpos Colegisladores

Artículo 119. El Poder Legislativo se ejerce por dos cuerpos, denominados, respectivamente, Cámara de Representantes y Senado, que juntos reciben el nombre de Congreso.

Sección II. Del Senado, su composición y atribuciones

Artículo 120. El Senado se compone de nueve senadores por provincia, elegidos en cada una para un periodo de cuatro años, por sufragio universal, igual, directo, secreto, en un solo día y en la forma que prescriba la ley.

Artículo 121. Para ser senador se requiere:
a) Ser cubano por nacimiento;
b) Haber cumplido treinta años de edad;
c) Hallarse en el pleno goce de los derechos civiles y políticos;
d) No haber pertenecido en servicio activo a las Fuerzas Armadas de la República durante los dos años inmediatamente anteriores a la fecha de su designación como candidato.

Artículo 122. Son atribuciones propias del Senado:
a) Juzgar, constituido en Tribunal, al presidente de la República cuando fuere acusado por la Cámara de Representantes de delito contra la seguridad exterior del Estado, el

libre funcionamiento de los Poderes Legislativo o Judicial o de infracción de los preceptos constitucionales.

Para actuar con esta atribución será indispensable que la acusación formulada por la Cámara de Representantes haya sido acordada por las dos terceras partes de sus miembros.

Integrarán el Tribunal, a los efectos de este **Artículo**, los miembros del Senado y todos los del Tribunal Supremo, presididos por quien ostente en ese instante el cargo de presidente de este Tribunal;

b) Juzgar, constituido en Tribunal, a los ministros de Gobierno cuando fueren acusados por la Cámara de Representantes de delito contra la seguridad exterior del Estado, el libre funcionamiento de los Poderes Legislativo o Judicial o de infracción de los preceptos constitucionales, así como de cualquier otro delito de carácter político que la ley determine;

c) Juzgar, constituido en Tribunal, a los gobernadores de las Provincias cuando fueren acusados por el Consejo Provincial o por el presidente de la República mediante acuerdos del Consejo de Ministros, de cualquiera de los delitos expresados en el Inciso anterior.

En todos los casos en que el Senado se constituya en Tribunal será presidido por el presidente del Tribunal Supremo. No podrá imponer a los acusados otra sanción que la pena de destitución o las de destitución e inhabilitación para el ejercicio de cargos públicos, sin perjuicio de que los tribunales ordinarios les impongan cualquier otra en que hubieren incurrido;

d) Aprobar los nombramientos que haga el presidente de la República. Asistido del Consejo de Ministros, de los jefes de misión diplomática permanente y de los demás funcionarios cuyo nombramiento requiera su aprobación según la ley;

e) Aprobar los nombramientos de miembros del Tribunal de Cuentas del Estado;

f) Nombrar comisiones de investigación. Éstas tendrán el número de miembros que acuerde el Senado, el derecho de citar tanto a los particulares como a los funcionarios y autoridades para que concurran a informar ante ellas y el de solicitar los datos y documentos que estimen necesarios para los fines de la investigación. Los tribunales de justicia, autoridades administrativas y particulares están en el deber de suministrar a las comisiones de investigación todos los datos y documentos que solicitaren. Para acordar estas comisiones se requiere el voto favorable de las dos terceras partes de los miembros del Senado si la investigación ha de producirse sobre actividades del Gobierno. En otro caso bastará el voto conforme de la mitad más uno;

g) Autorizar a los cubanos para servir militarmente a un país extranjero o para aceptar de otro Gobierno empleo y honores que lleven aparejadas autoridad o jurisdicción propia;

h) Aprobar los Tratados que negociare el presidente de la República con otras naciones;

i) Solicitar la comparecencia de los ministros de Gobierno para responder de las interpelaciones de que hayan sido objeto de acuerdo con la Constitución;

j) Las demás facultades que emanen de esta Constitución.

Sección III. De la Cámara de Representantes, su
composición y atribuciones

Artículo 123. La Cámara de Representantes se compondrá de un representante por cada treinta y cinco mil habitantes o fracción mayor de diecisiete mil quinientas. Los representantes serán elegidos por Provincias, por un periodo de cuatro años, por sufragio universal, igual, directo y secreto, en un solo día y en la forma que prescriba la ley.

Ésta determinará la base numérica de proporcionalidad en cada Provincia, de acuerdo con el último Censo nacional oficial de población.

La Cámara de Representantes se renovará por mitad cada dos años.

Artículo 124. Para ser representante se requiere:

a) Ser cubano por nacimiento o por naturalización, y en este último caso con diez años de residencia continuada en la República, contados desde la fecha de la naturalización;

b) Haber cumplido veintiún años de edad;

c) Hallarse en el pleno goce de los derechos civiles y políticos;

d) No haber pertenecido en servicio activo a las Fuerzas Armadas de la República durante los dos años inmediatamente anteriores a la fecha de su designación como candidato.

Artículo 125. Corresponde a la Cámara de Representantes:

a) Acusar ante el Senado al presidente de la República y a los ministros del Gobierno en los casos determinados en los Incisos a) y h) del **Artículo** ciento veintidós, cuando las dos terceras partes del número total de representantes acordasen en sesión secreta la acusación;

b) La prioridad en la discusión y aprobación de los Presupuestos Generales de la Nación;

c) Todas las demás facultades que le sean otorgadas por esta Constitución.

Sección IV. Disposiciones comunes a los Cuerpos Colegisladores

Artículo 126. Los cargos de senador y de representante son incompatibles con cualquier otro retribuido con cargo al Estado, la Provincia o el Municipio o a organismos mantenidos total o parcialmente con fondos públicos, exceptuándose el de ministro de gobierno y el de catedrático de establecimiento oficial obtenido con anterioridad a la elección.

El nombramiento de ministro de gobierno puede recaer en miembros del Poder Legislativo, pero en ningún caso podrán ostentar ambos cargos más de la mitad de los componentes del Consejo de Ministros.

Los senadores y representantes recibirán del Estado una dotación que será igual para ambos cargos. La cuantía de esta dotación podrá ser alterada en todo tiempo, pero la alteración no surtirá efecto hasta que sean renovados los Cuerpos Colegisladores.

Artículo 127. Los senadores y representantes serán inviolables por las opiniones y votos que emitan en el ejercicio de sus cargos.

Los senadores y representantes solo podrán ser detenidos o procesados con autorización del Cuerpo a que pertenezcan. Si el senador o Cámara de Representantes no resolvieren sobre la autorización solicitada dentro de los cuarenta días consecutivos de legislatura abierta y después de recibido el suplicatorio del juez o tribunal, se entenderá concedida la autorización para instruir el proceso y sujetar el mismo al senador o representante. No se proseguirá la causa si el

Cuerpo a que el legislador pertenezca niega la autorización para continuar el procedimiento.

En caso de ser hallado in fraganti en la comisión de un delito podrá ser detenido un legislador sin la autorización del cuerpo a que pertenezca. En este caso, y en el de ser detenido o procesado cuando estuviese cerrado el Congreso, se dará cuenta inmediatamente al presidente del Cuerpo respectivo para la resolución que corresponda, debiendo éste convocar inmediatamente a sesión extraordinaria al Cuerpo Colegislador de que se trate para que resuelva exclusivamente sobre la autorización solicitada por el juez o tribunal. Si no se denegase dentro de las veinte sesiones ordinarias celebradas a partir de esta notificación se entenderá concedida la autorización.

Todo acuerdo accediendo o negando la solicitud de autorización para procesar o detener a un miembro del Congreso tendrá que ser precedido de la lectura de los antecedentes que hayan de fundamentar la resolución que se adopte por el Cuerpo Colegislador respectivo.

Artículo 128. El Senado y la Cámara de Representantes abrirán y cerrarán sus sesiones en un mismo día, residirán en una misma población y no podrán trasladarse a otro lugar ni suspender sus sesiones por más de tres días sino por acuerdo de ambas.

No podrá abrirse una legislatura ni celebrar sesiones sin la presencia de la mitad más uno de la totalidad de los miembros de cada Cuerpo.

La comprobación del quórum se hará mediante el pase de lista.

La inmunidad parlamentaria no comprende ni protege los hechos que se relacionen con la veracidad y legitimidad de los actos o con las formalidades prescritas para la aprobación de las leyes.

Las leyes en todo caso deberán ser sometidas previamente a una votación nominal sobre su totalidad.

Ningún proyecto de ley podrá ser votado en un Cuerpo Colegislador sin el informe previo y razonado de una comisión de ese Cuerpo, por lo menos.

Artículo 129. Cada Cuerpo legislativo resolverá sobre la validez de la elección de sus respectivos miembros y sobre las renuncias que presentaren, ningún senador o representante podrá ser expulsado del Cuerpo a que pertenezca sino en virtud de causa previamente determinada y por acuerdo de las dos terceras partes, por lo menos, del número total de sus miembros.

Cada Cuerpo legislativo formará su reglamento y elegirá su presidente, vicepresidentes y secretarios de entre sus miembros. El presidente del Senado solo presidirá las sesiones cuando falte el vicepresidente de la República.

Artículo 130. Ningún senador o representante podrá tener en arrendamiento directa, o indirectamente, bienes del Estado ni obtener de éste contratas ni concesiones de ninguna clase.

Tampoco podrá ocupar cargos de consultor legal o director, ni cargo alguno que lleve aparejada jurisdicción, en empresas que sean extranjeras o cuyos negocios estén vinculados de algún modo a entidad que tenga esa condición.

Artículo 131. Las relaciones entre el senador y la Cámara de Representantes, no previstas en esta Constitución, se regirán por la Ley de Relaciones entre ambos Cuerpos Colegisladores. Contra cualquier acuerdo que viole dicha ley se dará el recurso de inconstitucionalidad.

Sección V. Del Congreso y sus atribuciones

Artículo 132. El Congreso se reunirá, por derecho propio y sin necesidad de convocatoria, dos veces al año. No funcionará menos de sesenta días hábiles en cada una de las legislaturas, ni más de ciento cuarenta días sumadas las dos. Una legislatura empezará el tercer lunes de septiembre y otra el tercer lunes de marzo.

El Senado y la Cámara de Representantes se reunirán en sesiones extraordinarias en los casos y en la forma que determinen sus reglamentos o establezcan la Constitución o la ley y cuando el presidente de la República los convoque, con arreglo a esta Constitución. En dichos casos solo tratarán del asunto o asuntos que motivan su reunión.

Artículo 133. El Senado y la Cámara de Representantes se reunirán en un solo Cuerpo para:

a) Proclamar el presidente y vicepresidente de la República con vista de la certificación del escrutinio respectivo remitida por el Tribunal Superior Electoral.

Si de esta certificación resultare empate entre dos o más candidatos, el Congreso procederá a la selección del presidente entre los candidatos que hayan obtenido empate en la elección general. Si en el Congreso resultase también empate se repetirá la votación, y si el resultado de ésta fuese el mismo el voto del presidente decidirá.

El procedimiento establecido en los Párrafos anteriores será aplicable al vicepresidente de la República;

b) En los demás casos que establezca la ley de relaciones entre los dos Cuerpos Colegisladores.

Cuando el Senado y la Cámara de Representantes se reúnan formando un solo Cuerpo, lo presidirá el presidente del Senado en su condición de presidente del Congreso; y en su defecto, el de la Cámara de Representantes, como vicepresidente del propio Congreso.

Artículo 134. Son facultades no delegables del Congreso:

a) Formar los Códigos y las leyes de carácter general, determinar el régimen de las elecciones, dictar las disposiciones relativas a la administración general, la provincial y la municipal y acordar las demás leyes y resoluciones que estimase convenientes sobre cualquiera otros asuntos de interés público o que sean necesarios para la efectividad de esta Constitución;

b) Establecer las contribuciones e impuestos de carácter nacional que sean necesarios para las atenciones del Estado;

c) Discutir y aprobar los presupuestos de gastos e ingresos del Estado;

d) Resolver sobre los informes anuales que el Tribunal de Cuentas presente acerca de la liquidación de los Presupuestos, el estado de la deuda pública y la moneda nacional;

e) Acordar empréstitos, pero con la obligación de votar al mismo tiempo los ingresos permanentes necesarios para el pago de intereses y amortización;

f) Acordar lo pertinente sobre la acuñación de la moneda, determinando su patrón, ley, valor y denominación y resolver lo que estime necesario sobre la emisión de signos fiduciarios y sobre el régimen bancario y financiero;

g) Regular el sistema de pesas y medidas;

h) Dictar disposiciones para el régimen y fomento del comercio interior y exterior, de la agricultura y la industria, seguros del trabajo y vejez, maternidad y desempleo;

i) Regular los servicios de comunicaciones, atendiendo al régimen de los ferrocarriles, caminos, canales y puertos y al tránsito por vía terrestre, aérea y marítima, creando los que exija la conveniencia pública;

j) Fijar las reglas y procedimientos para obtener la naturalización y regular el régimen de los extranjeros;

k) Conceder amnistía de acuerdo con esta Constitución. Las amnistías para delitos comunes solo podrán ser acordadas por el voto favorable de las dos terceras partes de la totalidad de cada uno de los Cuerpos Colegisladores y ramificadas por el mismo número de votos en la siguiente legislatura.

Las amnistías de delitos políticos requieren igual votación extraordinaria si en relación con los mismos se hubieren cometido homicidio o asesinato;

l) Fijar el cupo de las Fuerzas Armadas y acordar su organización;

ll) Otorgar o retirar su confianza al Consejo de Ministros o a cualquiera de sus integrantes en la forma y oportunidad que determina esta Constitución;

m) Citar al Consejo de Ministros o a cualquiera de sus miembros para que responda a las interpelaciones que se le hayan formulado.

La citación deberá hacerse por cada Cuerpo Colegislador, previa notificación al presidente de la República y al primer ministro, con diez días de antelación, expresando el asunto sobre el cual versará la interpelación.

El ministro citado podrá hacerse acompañar, cuando haya de responder a una interpelación o informar sobre un proyecto de ley, de los asesores que designe, pero estos asesores se limitarán a rendir los informes técnicos que indique el ministro interpelado o informante;

n) Declarar la guerra y aprobar los tratados de paz que el presidente de la República haya negociado;

ñ) Acordar todas las leyes que dispone esta Constitución y las que desenvuelvan los principios contenidos en sus normas.

Sección VI. De la iniciativa y formación de las leyes, de
su sanción y su promulgación

Artículo 135. La iniciativa de las leyes compete:

a) A los senadores y representantes, de acuerdo con las disposiciones reglamentarias de cada Cuerpo;

b) Al Gobierno;

c) Al Tribunal Superior, en materia relativa a la administración de justicia;

d) Al tribunal Superior, en materia de su competencia;

e) Al Tribunal de Cuentas, en asuntos de su competencia y jurisdicción;

f) A los ciudadanos. En este caso será requisito indispensable que ejerciten la iniciativa diez mil ciudadanos, por lo menos, que tengan la condición de electores.

Toda iniciativa legislativa se formulará como proposición de ley y será elevada a uno de los Cuerpos Colegisladores.

Artículo 136. Las leyes se clasificarán en Ordinarias y Extraordinarias. Son Leyes Extraordinarias las que se indican como tales en la Constitución, las Orgánicas y cualesquiera otras a las que el Congreso dé este carácter. Son Leyes Ordinarias todas las demás.

Las Leyes Extraordinarias necesitan para su aprobación los votos favorables de la mitad más uno de los componentes de cada Cuerpo Colegislador. Las Leyes Ordinarias solo requerirán los votos favorables de la mayoría absoluta de los presentes en la sesión en que se aprueben.

Artículo 137. El proyecto de ley que obtenga la aprobación de ambos Cuerpos Colegisladores se presentará necesariamente al presidente de la República por el del Cuerpo que le impartió la aprobación.

El presidente de la República, dentro de los diez días de haber recibido el proyecto, y previo acuerdo del Consejo de Ministros, sancionará y promulgará la ley, o la devolverá, con las objeciones que considere oportunas, al Cuerpo Colegislador de que precediera.

Recibido el proyecto por dicho Cuerpo asentará íntegramente en acta las objeciones y procederá a una nueva decisión del proyecto.

Si después de esta discusión dos terceras partes del número total de los miembros del Cuerpo Colegislador votasen en favor del proyecto de ley, se pasará, con las objeciones del presidente al otro Cuerpo, que también lo discutirá, y si por igual mayoría lo aprobase, será ley.

En todos estos casos las votaciones serán nominales.

Si dentro de los diez días hábiles siguientes a la remisión del proyecto de ley al presidente éste no lo devolviere, se tendrá por sancionado y será ley.

Si dentro de los últimos diez días de una legislatura se presentare un proyecto de ley al presidente de la República y éste se propusiese utilizar todo el término que al efecto de

la sanción se le concede en el Párrafo anterior, comunicará
su propósito en término de cuarenta y ocho horas, al Congreso, a fin de que permanezca reunido, si lo quisiere, hasta
el vencimiento del expresado término. De no hacerlo así el
presidente, se tendrá por sancionado el proyecto y será ley.

Ningún proyecto de ley desechado totalmente por alguno
de los Cuerpos Colegisladores podrá discutirse de nuevo en
la misma legislatura.

El proyecto de ley aprobado por uno de los Cuerpos Colegisladores será discutido y resuelto preferentemente por el
otro. Este precepto no es de aplicación a las leyes extraordinarias.

Toda ley será promulgada dentro de los diez días siguientes al de su sanción.

Título X. Del Poder Ejecutivo

Sección I. El ejercicio del Poder Ejecutivo

Artículo 138. El presidente de la República es el jefe del Estado y representa a la Nación. El Poder Ejecutivo se ejerce por el presidente de la República con el Consejo de Ministros, de acuerdo con lo establecido en esta Constitución.

El presidente de la República actúa como poder director, moderador y de solidaridad nacional.

Sección II. Del presidente de la República, sus atribuciones y deberes

Artículo 139. Para ser presidente de la República se requiere:

a) Ser cubano por nacimiento; pero si esta condición resultare de lo dispuesto en el Inciso d) del **Artículo** 12 de esta Constitución, será necesario haber servido con las armas a Cuba, en sus guerras de Independencia, diez años por lo menos;

b) Haber cumplido treinta y cinco años de edad;

c) Hallarse en el pleno goce de los derechos civiles y políticos;

d) No haber pertenecido en servicios activos a las Fuerzas Armadas de la República durante el año inmediatamente anterior a la fecha de su designación como candidato presidencial.

Artículo 140. El presidente de la República será elegido por sufragio universal, igual, directo y secreto, en un solo día, para un periodo de cuatro años, conforme al procedimiento que establezca la ley.

El cómputo de la votación se hará por Provincia. Al candidato que mayor número de sufragio obtenga en cada una de ellas se le contará un número de voto provincial igual al total de senadores y representantes que, conforme a la ley, corresponda elegir al electorado de la Provincia respectiva y se considerará electo el que mayor número de votos provincial acumule en toda la República.

El que haya ocupado una vez el cargo no podrá desempeñarlo nuevamente hasta ocho años después de haber cesado en el mismo.

Artículo 141. El presidente de la República jurará o prometerá ante el Tribunal Superior de Justicia, al tomar posesión de su cargo, desempeñarlo fielmente, cumpliendo y haciendo cumplir la Constitución y las leyes.

Artículo 142. Corresponde al presidente de la República, asistido del Consejo de Ministros:

a) Sancionar y promulgar las leyes, ejecutarlas y hacerlas ejecutar; dictar, cuando no lo hubiere hecho el Congreso, los reglamentos para la mejor ejecución de las mismas, y expedir los Decretos y las Órdenes que para este fin y para cuanto incumba al gobierno y administración del Estado fuere conveniente, sin contravenir en ningún caso lo establecido en las leyes;

b) Convocar a sesiones extraordinarias al Congreso o solamente al Senado, en los casos que señale esta Constitución o cuando fuere necesario;

c) Suspender las sesiones del Congreso cuando no se hubiere logrado acuerdo al efecto entre los Cuerpos Colegisladores;

d) Presentar al Congreso, al principio de cada legislatura y siempre que fuere oportuno, un mensaje sobre los actos de administración, demostrativos del estado general de la República; y recomendar o iniciar la adopción de las leyes y resoluciones que considere necesarias o útiles;

e) Presentar a la Cámara de Representantes, sesenta días antes de la fecha en que debe comenzar a regir, el proyecto de presupuesto anual;

f) Facilitar al Congreso los informes que éste solicitare, directamente o por medio de interpelaciones, al Gobierno, sobre toda clase de asuntos que no exijan reserva;

g) Dirigir las negociaciones diplomáticas y celebrar tratados con las otras naciones, debiendo someterlos a la aprobación del Senado, sin cuyo requisito no tendrán validez ni obligarán a la República;

h) Nombrar, con la aprobación del Senado, al presidente de sala y magistrados del Tribunal Superior de Justicia en la forma que dispone esta Constitución, así como a los jefes de misiones diplomáticas;

i) Nombrar, para el desempeño de los demás cargos instituidos por la ley, a los funcionarios correspondientes cuya designación no esté atribuida a otras autoridades;

j) Suspender el ejercicio de los derechos que se enumeren en el **Artículo** 41 de esta Constitución, en los casos y en la forma que en la misma se establece;

k) Conceder indultos con arreglo a lo que prescriban la Constitución y la ley, excepto cuando se trate de delitos electorales dolosos. Para indultar a los funcionarios y empleados públicos sancionados por delitos cometidos en el ejercicio de sus funciones, será necesario que éstos hubiesen cumplido por lo menos la tercera parte de la sanción que le fuera impuesta por los Tribunales;

l) Recibir a los representantes diplomáticos y admitir a los agentes consultores de las otras naciones;

ll) Disponer de las Fuerzas Armadas de la República, como jefe superior de las mismas;

m) Proveer a la defensa del territorio nacional y a la conservación del orden interior, dando cuenta al Congreso. Siempre que hubiere peligro de invasión, o cuando alguna rebelión amenazare gravemente la seguridad pública, no estando reunido el Congreso, el presidente lo convocará sin demora para la resolución que proceda;

n) Cumplir y hacer cumplir cuantas reglas, órdenes y disposiciones acuerden y dicte el Tribunal Superior Electoral;

ñ) Nombrar y remover libremente a los ministros de gobierno, dando cuentas al Congreso; sustituirlos en las oportunidades que procedan de acuerdo con esta Constitución y suscribir en su caso los acuerdos del Consejo;

o) Ejercer las demás atribuciones que les confieran expresamente la Constitución y la ley.

Artículo 143. Todos los Decretos, Órdenes y resoluciones del presidente de la República habrán de ser refrendados por el ministro correspondiente, sin cuyo requisito carecerán de fuerza obligatoria.

No será necesario este referendo en los casos de nombramientos de ministros de gobierno.

Artículo 144. El presidente no podrá salir del territorio de la República sin autorización del Congreso.

Artículo 145. El presidente será responsable ante el Pleno del Tribunal Superior de Justicia por los delitos de carácter común que cometiere durante el ejercicio de su cargo, pero no podrá ser procesado sin previa autorización del Senado, acordada por el voto favorable de las dos terceras partes de sus miembros. En este caso el Tribunal resolverá si procede suspenderlo en sus funciones hasta que recaiga sentencia.

Artículo 146. El presidente recibirá del Estado una dotación que podrá ser alterada en todo tiempo, pero esta alteración no surtirá efecto sino en los periodos presidenciales siguientes a aquel en que se acordare.

Título XI. Del vicepresidente de la República

Artículo 147. Habrá un vicepresidente de la República que será elegido en la misma forma y por igual periodo de tiempo que el presidente y conjuntamente con éste. Para ser vicepresidente se requieren las mismas condiciones que prescribe esta Constitución para ser presidente.

Artículo 148. El vicepresidente de la República sustituirá al presidente en los casos de ausencia, incapacidad o muerte. Si la vacante fuese definitiva, durará la sustitución hasta terminación del periodo presidencial. En caso de ausencia, incapacidad o muerte de ambos, le sustituirá por el resto del periodo el presidente del Congreso.

Artículo 149. En cualquier caso que faltaren los sustitutos presidenciales que establece esta Constitución, ocupará interinamente la Presidencia de la República el magistrado más antiguo del Tribunal Supremo, el cual convocará a elecciones nacionales dentro de un plazo no mayor de noventa días.

Cuando la vacante hubiera ocurrido dentro del último año del periodo presidencial, el magistrado sustituto ocupará el cargo hasta finalizar el periodo.

La persona que ocupare la Presidencia en cualquiera de las sustituciones a que refieren los **Artículos** anteriores no podrá ser candidato presidencial para la próxima elección.

Artículo 150. El vicepresidente de la República ejerce la Presidencia del Senado y solo tendrá voto en los casos de empate.

El vicepresidente recibirá del Estado una dotación que podrá ser alterada en todo tiempo, pero la alteración no surtirá efecto sino en el periodo presidencial siguiente a aquel en que se acordare.

Título XII. Del Consejo de Ministros

Artículo 151. Para el ejercicio del Poder Ejecutivo el presidente de la República estará asistido de un Consejo de Ministros, integrado por el número de miembros que determine la ley.

Uno de estos ministros tendrá la categoría de primer ministro por designación del presidente de la República, y podrá desempeñar el cargo con o sin cartera.

Artículo 152. Para ser ministro se requiere:

a) Ser cubano por nacimiento;

b) Haber cumplido treinta años de edad;

c) Hallarse en el pleno goce de los derechos civiles y políticos;

d) No tener negocios con el Estado, la Provincia o el Municipio.

Artículo 153. Cada ministro tendrá uno o más subsecretarios que lo sustituirán en los casos de ausencia o falta temporal.

Artículo 154. El Consejo de Ministros será presidido por el presidente de la República. Cuando el presidente no asista a las sesiones del Consejo, lo presidirá el primer ministro. El primer ministro representará la política general del Gobierno y a éste ante el Congreso.

Artículo 155. El Consejo de Ministros tendrá un secretario encargado de levantar las actas del Consejo, certificar sus acuerdos, atender al despacho de los asuntos de la Presidencia de la República y del Consejo de Ministros.

Artículo 156. Los ministros tendrán a su cargo el despacho de su respectivos Ministerios y deliberarán y revolverán sobre todas las cuestiones de interés general que no estén atribuidas a otras dependencias o autoridades y ejercerán las facultades que les correspondan con arreglo a la Constitución y la ley.

Artículo 157. Los acuerdos del Consejo de Ministros se tomarán por mayoría de votos en sesiones a las que concurra la mitad más uno de los ministros.

Artículo 158. Los ministros de gobierno serán personalmente responsables de los actos que refrenden y solidariamente de los que juntos acuerden o autoricen.

Artículo 159. El primer ministro y los ministros de gobierno son criminalmente responsables ante el Tribunal Superior de Justicia de los delitos comunes que cometieren en el ejercicio de sus cargos.

Artículo 160. Los Ministerios de Educación, de Salubridad y Asistencia Social, de Agricultura y de Obras Públicas actuarán exclusivamente como organismos técnicos.

Artículo 161. El primer ministro y los ministros de gobierno jurarán o prometerán ante el presidente de la República cumplir fielmente los deberes inherentes a sus cargos, así como observar y hacer cumplir la Constitución y la ley.

Artículo 162. Corresponderá al primer ministro despachar con el presidente de la República los asuntos de la política general del Gobierno, y, acompañados de los ministros, los asuntos de los respectivos departamentos.

Artículo 163. Son atribuciones de los ministros:

a) Cumplir y hacer cumplir la Constitución, y las leyes, Decreto-leyes, Decretos, reglamentos y demás resoluciones y disposiciones;

b) Redactar proyectos de ley, reglamentos, Decretos y cualesquiera otras resoluciones y presentarlos a la consideración del Gobierno;

c) Refrendar, conjuntamente con el primer ministro, las leyes y demás documentos autorizados con la firma del presidente de la República, salvo los decretos de nombramientos o separación de ministros;

d) Concurrir al Congreso por su propia iniciativa o a instancia de cualesquiera de su Cuerpo, informar ante ellos, contestar las interpelaciones, deliberar en su seno y producir, individual o colectivamente, cuestiones de confianza.

El ministro, si fuere congresista, solo tendrá derecho a votar en el Cuerpo a que pertenezca.

Título XIII. De las relaciones entre el Congreso y el Gobierno

Sección única

Artículo 164. El primer ministro y el Consejo de Ministros son responsables de sus actos de gobierno ante la Cámara y el Senado.

Éstos podrán otorgar o retirar su confianza al primer ministro, a un ministro o al Consejo en pleno, en la forma que se especifica en esta Constitución.

Artículo 165. Cada Cuerpo Colegislador podrá determinar la remoción total o parcial del Gobierno planteando la cuestión de confianza, la que se presentará por medio de una moción motivada por escrito y con la firma de la tercera parte, por lo menos, de sus miembros. Esta moción se comunicará inmediatamente a los demás componentes del Cuerpo respectivo y se discutirá y votará ocho días naturales después de su presentación. Si no se resuelve dentro de los quince días siguientes a dicha presentación, se considerará rechazada.

Para aprobar válidamente estas mociones se necesitará una mayoría de votos favorables de la mitad más uno de la totalidad de los miembros de la Cámara de Representantes o del Senado respectivamente, obtenida siempre en votación nominal.

El hecho de que recaiga votación contraria en un proyecto de ley presentado por el Gobierno o por un ministro, o que se reconsidere un proyecto de ley devuelto por el presidente de la República, no obligará en forma alguna al primer ministro o a los miembros a renunciar a sus cargos.

Si se suscitase simultáneamente una cuestión de confianza en ambos Cuerpos Colegisladores, tendrá prioridad la que se plantee en la Cámara de Representantes.

Artículo 166. Habrá crisis totales y parciales. Se considerará total la que se plantee el primer ministro o la que se refiera a más de tres ministros. Las demás se considerarán parciales.

Artículo 167. La facultad de negar la confianza a todo el Gobierno, al primer ministro o cualquiera de los que formen parte del Consejo solo podrá ejercitarse transcurrido seis meses por lo menos, del nombramiento por primera vez del Consejo de Gobierno o de la producción posterior de una crisis total por aprobación de una moción de no confianza por el Cuerpo Colegislador respectivo, según las reglas establecidas en esta Constitución.

Los ministros que hayan sido nombrados por haber sido removidos sus antecesores en una crisis parcial, solo podrán ser sometidos a un voto de no confianza seis meses después de su designación, salvo que se trate de una crisis total.

Cuando cualquiera de los Cuerpos Colegisladores hubiese resuelto favorablemente una moción de no confianza, no podrá plantearla nuevamente hasta transcurrido un año, en que dicha facultad corresponderá al otro Cuerpo Colegislador, el que en todo caso no podrá ejercitarla sino después que hayan transcurrido, por lo menos, seis meses del nombramiento del Gobierno o ministros a quien se refiera dicha cuestión.

Dos crisis parciales equivaldrán a una crisis total, a los efectos de la restricción de los seis meses a que este **Artículo** se refiere.

En ningún caso se podrán plantear cuestiones de confianza dentro de los seis meses últimos de cada periodo presidencial.

El Consejo de Ministros podrá plantear por sí mismo la cuestión de confianza en cuanto a la totalidad de sus componentes, o respecto de algunos de los ministros. En este caso se discutirá y resolverá inmediatamente.

El hecho de haberse resuelto con anterioridad una moción de confianza planteada por el Gobierno no impide ni restringe al Congreso ejercitar libremente sus derechos a plantear mociones de confianza.

Artículo 168. En cualquier caso en que se niegue la confianza al Gobierno o a alguno de sus miembros deberá el Gobierno en pleno, o aquellos de sus componentes a quien afecte la negación de confianza, dimitir dentro de las cuarenta y ocho horas siguientes al acuerdo parlamentario, y si no lo hicieren se considerarán removidos y el presidente de la República así lo declarará.

El ministro saliente continuará interinamente en el cargo después de su dimisión hasta la entrega al sucesor.

Artículo 169. La negativa de confianza a todo el Consejo de Ministros o a alguno de sus miembros solo significa la inconformidad del Cuerpo Colegislador que hubiere promovido la cuestión, con la política del ministro o del Gobierno en conjunto.

La denegación de confianza lleva implícito que en el Gabinete que se forme o se rehaga inmediatamente después de la crisis no podrán ser nombrados para las mismas carteras los ministros cuya política haya sido objeto de dicha denegación.

Título XIV. Del Poder Judicial

Sección I. Disposiciones generales

Artículo 170. La justicia se administra en nombre del pueblo y su dispensación será gratuita en todo el territorio nacional.

Los jueces y fiscales son independientes en el ejercicio de sus funciones y no deben obediencia más que a la ley.

Solo podrá administrarse justicia por quienes pertenezcan permanentemente al Poder Judicial. Ningún miembro de este Poder podrá ejercer otra profesión.

Los registros del Estado Civil estarán a cargo de miembros del Poder Judicial.

Artículo 171. El Poder Judicial se ejerce por el Tribunal Supremo de Justicia, el Tribunal Supremo Electoral y los demás tribunales y jueces que la ley establezca. Éste regulará la organización de los tribunales, sus facultades, el modo de ejercerlas y las condiciones que habrán de concurrir en los funcionarios que los integren.

Sección II. Del Tribunal Supremo de Justicia

Artículo 172. El Tribunal Supremo de Justicia se compondrá de las salas que la ley determine.

Una de estas salas constituirá el Tribunal de Garantías Constitucionales y Sociales. Cuando conozca de asuntos constitucionales será presidida necesariamente por el presidente del Tribunal Supremo y no podrá estar integrada por menos de quince magistrados. Cuando se trate de asuntos sociales no podrá constituirse por menos de nueve magistrados.

Artículo 173. Para ser presidente o magistrado del Tribunal Supremo de Justicia se requiere:

a) Ser cubano por nacimiento;

b) Haber cumplido cuarenta años de edad;

c) Hallarse en el pleno goce de los derechos civiles y políticos y no haber sido condenado a pena aflictiva por delito común;

d) Reunir además algunas de las circunstancias siguientes:

Haber ejercido en Cuba durante diez años, por lo menos, la profesión de abogado o haber desempeñado, por igual tiempo, funciones judiciales o fiscales o explicando, durante el mismo número de años, una cátedra de derecho en establecimiento oficial de enseñanza;

A los efectos del Párrafo anterior podrán sumarse los periodos en que se hubiesen ejercido la abogacía y las funciones judiciales o fiscales.

Artículo 174. El Tribunal Supremo de Justicia tendrá, además de las otras atribuciones que esta Constitución y la ley le señale las siguientes:

a) Conocer de los recursos de casación;

b) Dirimir las cuestiones de competencias entre los tribunales que le sean inmediatamente inferiores o no tengan superior común y las que se susciten entre las autoridades judiciales y las de otros órdenes del Estado, la Provincia y el Municipio;

c) Decidir, en última instancia, sobre la suspensión o destitución de los gobernantes locales y provinciales, conforme a lo dispuesto por esta Constitución y la ley;

d) Decidir sobre la constitucionalidad de las leyes, Decretos-leyes, Decretos, reglamentos, acuerdos, órdenes, disposiciones y otros actos de cualquier organismo, autoridades o funcionarios;

e) Conocer de los juicios en que litiguen entre sí el Estado, la Provincia y el Municipio.

Artículo 175. Se instituye la carrera judicial. El ingreso en la misma se hará mediante ejercicios de oposición, exceptuándose los magistrados del Tribunal Supremo.

Artículo 176. Para los nombramientos de los magistrados de audiencia se observarán tres turnos: el primero, en concepto de ascenso, por rigurosa antigüedad en la categoría inferior; el segundo, mediante concursos entre los que ocupan la categoría inmediata inferior, y el tercero, mediante ejercicios teóricos y prácticos de oposición, a los que podrán concurrir tanto funcionarios judiciales y fiscales como abogados, no mayores de sesenta años. Los abogados en ejercicio deberán reunir los demás requisitos exigidos para poder ser nombrados magistrados del Tribunal Supremo.

Artículo 177. Los nombramientos de jueces se harán en dos turnos: uno por rigurosa antigüedad en la categoría inferior y otro por concurso, en el que podrán tomar parte funcionarios de la misma y de la inferior categoría. En el primer turno a que se refiere este **Artículo** y el anterior, la vacante será provista por traslado si hubiere funcionarios de igual categoría que así lo solicitaren, reservándose el ingreso o el ascenso para las plazas que en definitiva queden disponibles en la categoría.

Artículo 178. La Sala de Gobierno del Tribunal Supremo determinará, clasificará y publicará los méritos que hayan de ser reconocidos a los funcionarios judiciales de cada categoría para el turno de ascenso.

Artículo 179. En los casos de concurso, los traslados y ascensos se otorgarán forzosamente al funcionario solicitante, de la propia categoría o de la inmediata inferior, que mayor puntuación hubiera obtenido. El Tribunal Supremo establecerá la pauta de puntuación por categoría, rectificándolo semestralmente, exclusiva a la capacidad, actuación, mérito y producción jurídica de cada funcionario.

Artículo 180. Los magistrados del Tribunal Supremo serán nombrados por el presidente de la República de una terna propuesta por un colegio electoral de nueve miembros. Éstos serán designados cuatro por el pleno del Tribunal Supremo, de su propio seno; tres por el presidente de la República, y dos por la Facultad de Derecho de la Universidad de La Habana. Los cinco últimos deberán reunir los requisitos exigidos para ser magistrados del Tribunal Supremo, y los designados por la Facultad de Derecho no podrán pertenecer a la misma.

El Colegio se forma para cada designación, y sus componentes que no sean magistrados no podrán volver a formar parte del mismo sino transcurridos cuatro años.

El presidente del Tribunal Supremo y los presidentes de sala serán nombrados por el presidente de la República a propuesta del pleno del Tribunal. Estos nombramientos y los magistrados del Tribunal Supremo deberán recibir la aprobación del Senado.

El tema a que se refiere el Párrafo primero de este **Artículo** comprenderá por lo menos, si lo hubiere, a un funcionario judicial en activo servicio que haya desempeñado esas funciones durante diez años como mínimo.

Artículo 181. Los nombramientos, ascensos, traslados, permutas, suspensiones, correcciones, jubilaciones, licencias y supresiones de plazas se harán por la Sala de Gobierno especial integrada por el presidente del Tribunal Supremo y por seis miembros del mismo, elegidos anualmente entre los presidentes de sala y magistrados de dicho Tribunal.

No se puede formar parte de esta Sala de Gobierno dos años sucesivos.

Todas las plazas de nueva creación serán cubiertas conforme a las disposiciones de esta Constitución.

La facultad reglamentaria, en cuanto afecte el orden interno de los Tribunales, se ejercerá por la Sala de Gobierno del Tribunal Supremo de Justicia, de acuerdo con lo dispuesto en la Ley Orgánica del Poder Judicial.

Sección III. Del Tribunal de Garantías Constitucionales
y Sociales

Artículo 182. El Tribunal de Garantías Constitucionales y Sociales, es competente para conocer de los siguientes asuntos:

a) Los recursos de inconstitucionalidad contra las leyes, Decretos-leyes, Decretos, resoluciones o actos que nieguen, disminuyan, restrinjan o adulteren los derechos y garantías consignados en esta Constitución o que impidan el libre funcionamiento de los órganos del Estado;

b) Las consultas de jueces y tribunales sobre la constitucionalidad de las leyes, Decretos-leyes y demás disposiciones que hayan de aplicar en juicio;

c) Los recursos de hábeas corpus por vía de apelación no cuando haya sido ineficaz la reclamación ante otras autoridades o tribunales;

d) La validez del procedimiento y de la reforma constitucionales;

e) Las cuestiones jurídico-políticas y las de legislación social que la Constitución y la ley sometan a su consideración;

f) Los recursos contra los abusos de poder.

Artículo 183. Pueden acudir ante el Tribunal de Garantías Constitucionales y Sociales sin necesidad de prestar fianza:

a) El presidente de la República, el presidente y cada uno de los miembros del Consejo de Gobierno, del Senado, de la Cámara de Representantes y del Tribunal de Cuentas, los gobernadores, alcaldes y concejales;

b) Los jueces y tribunales;

c) El ministro fiscal;

d) Las universidades;

e) Los organismos autónomos autorizados por la Constitución o la ley;

f) Toda persona individual o colectiva que haya sido afectada por un acto o disposición que considere inconstitucional.

Las personas no comprendidas en alguno de los incisos anteriores pueden acudir también al Tribunal de Garantías Constitucionales y Sociales, siempre que presente la fianza que la ley señale.

La ley establecerá el modo de funcionar del Tribunal de Garantías Constitucionales y Sociales y el procedimiento para sustanciar los recursos que ante el mismo se interpongan.

Sección IV. Del Tribunal Superior Electoral

Artículo 184. El Tribunal Superior Electoral estará formado por tres magistrados del Tribunal Supremo de Justicia y dos de la Audiencia de La Habana, nombrados por un periodo de cuatro años y por los plenos de sus respectivos tribunales.

La presidencia del Tribunal Superior Electoral corresponde al más antiguo de los tres magistrados del Tribunal Supremo. Cada uno de los miembros del Tribunal tendrán dos suplentes, nombrados por el organismo de donde procedan.

Artículo 185. Además de las atribuciones que las Leyes Electorales le confieran, el Tribunal Superior Electoral queda investido de plenas facultades para garantizar la pureza del sufragio, fiscalizar e intervenir cuando lo considere necesario en todos los censos, elecciones y demás actos electorales, en la formación y organización de nuevos partidos, reorganización de los existentes. nominación de candidatos y proclamación de los electos.

Le corresponde también:

a) Resolver las reclamaciones electorales que la ley someta a su jurisdicción y competencia;

b) Dictar las instrucciones generales y especiales necesarias para el cumplimiento de la legislación electoral;

c) Resolver, en grado de apelación, los recursos sobre la validez o nulidad de una elección y la proclamación de candidatos;

d) Dictar instrucciones y disposiciones, de cumplimiento obligatorio a las Fuerzas Armadas y de Policía para el mantenimiento del orden y de la libertad electoral durante el periodo de confección del censo, el de organización de los partidos y el comprendido entre la convocatoria a elecciones y la terminación de los escrutinios.

En caso de grave alteración del orden público, o cuando el Tribunal estime que no existen suficientes garantías, podrá acordar la suspensión o la nulidad de todos los actos y operaciones electorales en el territorio afectado aunque no estén suspendidas las garantías constitucionales.

Artículo 186. La ley organizará los Tribunales Electorales. Para formarlos podrá utilizar a funcionarios de la carrera judicial.

El conocimiento de las reclamaciones electorales queda reservado a la jurisdicción electoral. Sin embargo, la ley determinará los asuntos en que, por excepción, podrá recurrirse de las resoluciones del Tribunal Superior Electoral, en vía de apelación ante el Tribunal de Garantías Constitucionales y Sociales.

Artículo 187. Se crea la carrera administrativa de los empleados y funcionarios electorales, subordinados a la jurisdicción máxima del Tribunal Superior Electoral, y se declaran inamovibles los empleados permanentes de las juntas electorales.

La retribución fijada a estos funcionarios y empleados permanentes por el Código Electoral, no podrá ser alterada sino en las condiciones y circunstancias establecidas para los funcionarios y empleados judiciales. La ley no podrá asignar distintas retribuciones a cargos de igual grado, categoría y funciones.

Sección V. Del Ministerio Fiscal

Artículo 188. El Ministerio Fiscal representa al pueblo ante la administración de justicia y tiene como finalidad primordial vigilar el cumplimiento de la Constitución y la ley. Los funcionarios del Ministerio Fiscal serán inamovibles e independientes en sus funciones, con excepción del Fiscal del Tribunal Supremo, que será nombrado y removido libremente por el presidente de la República.

Artículo 189. El ingreso en la carrera fiscal se hará mediante ejercicio de oposición y el ascenso habrá de realizarse en la forma que para los jueces establece esta Constitución. Los nombramientos, incluyendo los de las plazas de nueva creación, ascensos, traslado, suspensiones, correcciones, licencias, separaciones y jubilaciones de los funcionarios del Ministerio Fiscal y la aceptación de sus permutas y renuncias se harán de acuerdo con lo que determine la ley.

Artículo 190. El Fiscal del Tribunal Supremo de Justicia reunirá las condiciones exigidas para ser magistrado del Tribunal Supremo; los Tenientes Fiscales del propio Tribunal y los fiscales de los demás tribunales deberán ser cubanos por nacimiento, haber cumplido treinta años de edad y hallarse en el pleno goce de los derechos civiles y políticos. Los demás funcionarios del Ministerio Fiscal reunirán las condiciones que la ley señale.

Artículo 191. Cuando el Gobierno litigue o deba personarse en algún procedimiento lo hará por medio del abogado del Estado, los cuales formarán un cuerpo cuya organización regulará la ley.

Sección VI. Del Consejo Superior de Defensa Social y
de los Tribunales para menores de edad

Artículo 192. Habrá un Consejo Superior de Defensa Social que estará encargado de la ejecución de las sanciones y medidas de seguridad que impliquen la privación o la limitación de la libertad individual, así como de la organización, dirección y administración de todos los establecimientos o instituciones que se requieran para la más eficaz prevención de la criminalidad.

Este organismo, que gozará de autoridad para el ejercicio de sus funciones técnicas y administrativas, tendrá también a su cargo la concesión y revocación de la libertad condicional, de acuerdo con la ley.

Artículo 193. Se crean los Tribunales para menores de edad. La ley regulará su organización y funcionamiento.

Sección VII. De la inconstitucionalidad

Artículo 194. La declaración de inconstitucionalidad podrá pedirse:

a) Por los interesados en los juicios, causas o negocios que conozcan la jurisdicción ordinaria y las especiales;

b) Por veinticinco ciudadanos que justifiquen su condición de tales;

c) Por las personas a quien afecte la disposición que se estime inconstitucional.

Los jueces y tribunales están obligados a resolver los conflictos entre las leyes vigentes y la Constitución, ajustándose al principio de que ésta prevalezca sobre aquéllas.

Cuando un juez o tribunal considere inaplicable cualquier ley, Decreto-ley, Decreto o disposición porque estime que viola la Constitución, podrá suspender el procedimiento y elevar el asunto al Tribunal de Garantías Constitucionales y Sociales a fin de que declare o niegue la constitucionalidad del precepto en cuestión y devuelva el asunto al remitente para que continúe el procedimiento, dictando las medidas de seguridad que sean pertinentes.

En los expedientes administrativos podrá plantearse el recurso de inconstitucionalidad al acudirse a la vía contencioso administrativo. Si las leyes no franquearan esta vía podrá interponerse el recurso de inconstitucionalidad directamente contra la resolución administrativa.

Los recursos de inconstitucionalidad, en los casos enumerados en los **Artículos** ciento treinta y uno, ciento setenta y cuatro, ciento ochenta y dos y ciento ochenta y seis de esta Constitución, se interpondrán directamente ante el Tribunal de Garantías Constitucionales y Sociales.

En todo recurso de inconstitucionalidad los Tribunales revolverán siempre el fondo de la reclamación. Si el recurso adoleciere de algún defecto de forma concederá un plazo al recurrente para que lo subsane.

No podrá aplicarse en ningún caso ni forma una ley, Decreto-ley, Decreto, reglamento, orden, disposición o medida que haya sido declarada inconstitucional, bajo pena de inhabilitación para el desempeño de cargo público.

La sentencia en que se declare la inconstitucionalidad de un precepto legal o de una medida o acuerdo gubernativo, obligará al organismo, autoridad o funcionario que haya dictado la disposición anulada, a derogarla inmediatamente.

En todo caso la disposición legislativa o reglamentaria o medida gubernativa declarada inconstitucional se considerará nula y sin valor ni efecto desde el día de la publicación de la sentencia en los estrados del Tribunal.

Artículo 195. El Tribunal Supremo y el de Garantías Constitucionales y Sociales están obligados a publicar sin demora sus sentencias en el periódico oficial que corresponda.

En el presupuesto del Poder Judicial se consignará anualmente un crédito para el pago de estas atenciones.

Sección VIII. De la jurisdicción e inamovilidad

Artículo 196. Los tribunales ordinarios conocerán de todos los juicios, causas o negocios, sean cual fuere la jurisdicción a que correspondan, con la sola excepción de los originados por delitos militares o por hechos ocurridos en el servicio de las armas, los cuales quedarán sometidos a la jurisdicción militar.

Cuando estos delitos se cometan conjuntamente por militares y por personas no aforadas, o cuando una de estas últimas sean víctimas del delito, serán de la competencia de la jurisdicción afín.

Artículo 197. En ningún caso podrán crearse tribunales, comisiones y organismos a los que se conceda competencia especial para conocer el hecho, juicio, causa, expedientes, cuestiones o negocios de las jurisdicciones atribuidas a los tribunales ordinarios.

Artículo 198. Los Tribunales de las Fuerzas de Mar y Tierra se regirán por una Ley Orgánica Especial y conocerán únicamente de los delitos y faltas estrictamente militares cometidos por sus miembros. En caso de guerra o grave alteración del orden público la jurisdicción militar conocerá de todos los delitos y faltas cometidas por militares en el territorio donde exista realmente el estado de guerra, de acuerdo con la ley.

Artículo 199. La responsabilidad civil y criminal en que incurran los jueces, magistrados y fiscales en el ejercicio de sus funciones, o con motivo de ellas, será exigible ante el Tribunal Supremo de Justicia.

Artículo 200. Los funcionarios judiciales y del Ministerio Fiscal, abogados de oficio, así como sus auxiliares y subalternos, son inamovibles. En su virtud, no podrán ser suspendidos ni separados sino por razón de delito u otra causa grave debidamente acreditada, y siempre con audiencia del inculpado. Estos funcionarios podrán ser suspendidos en el ejercicio de sus funciones en cualquier estado del expediente.

Cuando en causa criminal un juez, magistrado, fiscal o abogado de oficio fuere procesado será suspendido inmediatamente en el ejercicio de sus funciones.

No podrá acordarse el traslado de jueces, magistrados, fiscales o abogados de oficio, a no ser mediante expediente de corrección disciplinaria o por los motivos de conveniencia pública que establezca la ley. No obstante, los funcionarios del Ministerio Fiscal podrán ser trasladados, en caso de vacantes, si lo solicitaren.

Artículo 201. Los cargos de secretarios y auxiliares de la Administración de Justicia se cubrirán en turnos alterativos de traslados y ascensos por antigüedad y méritos, determinados estos últimos, por concurso oposición, en la forma que fije la ley y de acuerdo con el escalafón que confeccionará y publicará la Sala de Gobierno del Tribunal Supremo de Justicia.

Artículo 202. La ley establecerá las causales de corrección, traslado y separación, así como la tramitación de los expedientes respectivos.

Artículo 203. El cumplimiento de las resoluciones judiciales es ineludible.

La ley establecerá las garantías necesarias para hacer efectiva estas resoluciones si a ellos resistiese autoridades, funcionarios, empleados del Estado, de la Provincia o el Municipio o miembro de las Fuerzas Armadas.

Artículo 204. Las sentencias que dicten los jueces correccionales en los casos de delito serán apelables ente el Tribunal que la ley determine, regulando ésta su procedimiento.

Artículo 205. El Gobierno no tiene potestad para declarar lesiva una resolución firme de los Tribunales. En el caso de que no pueda cumplirla indemnizará al perjudicado en la forma correspondiente siempre que proceda, solicitando del Congreso los créditos necesarios si no los tuviere.

Artículo 206. La retribución de los funcionarios y empleados de la Administración de Justicia, del Ministerio Fiscal y de los funcionarios y empleados permanentes de los organismos electorales no podrán ser alterada sino por una votación de las dos terceras partes de cada uno de los Cuerpos Colegisladores y en periodo no menos de cinco años.

No podrán asignarse distintas retribuciones a casos de igual grado, categoría y función.

La retribución que se asigne a los magistrados del Tribunal Supremo de Justicia y a los demás funcionarios del Poder Judicial deberán ser en todo caso adecuada a la importancia y trascendencia de sus funciones.

Artículo 207. Ningún miembro del Poder Judicial podrá ser ministro de gobierno ni desempeñar función alguna adscrita a los Poderes Legislativos o Ejecutivos, excepto cuando se trate de formar parte de Comisiones designadas por el Senado o la Cámara de Representantes para la reforma de la ley. Tampoco podrán figurar como candidatos a ningún cargo electivo.

Artículo 208. La responsabilidad penal y los motivos de separación en que puedan incurrir el presidente, presidente de sala y magistrados del Tribunal Supremo de Justicia se declararán ajustándose al siguiente procedimiento:

El Senado de la República será el competente para conocer de las denuncias contra dichos funcionarios. Recibida una denuncia el Senado nombrará una Comisión para que la estudie; ésta elevará su dictamen al Senado. Si por el voto de las dos terceras partes de sus miembros, emitidos en votación secreta, el Senado considera fundada la denuncia se abrirá el juicio correspondiente ante un Tribunal, que se denominará Gran Jurado, compuesto por quince miembros, designados en la forma que sigue: El presidente del Tribunal Supremo remitirá al presidente del Senado la relación completa de los miembros de dicho organismo que no se encuentren afectados por la acusación;

El presidente de la Cámara de Representantes remitirá al presidente del Senado la relación de los miembros que la integrarán. El Rector de la Universidad de La Habana enviará al presidente del Senado la relación completa de los profesores titulares de su Facultad de Derecho;

El presidente de la República remitirá al presidente del Senado una relación de cincuenta abogados que reúnan las condiciones requeridas para ser magistrados del Tribunal Supremo, designados libremente por él;

Recibidas estas listas por el presidente del Senado éste, en sesión pública de dicho Cuerpo, procederá a determinar los componentes del Gran Jurado mediante insaculación:

Seis del Tribunal Superior de Justicia. No habiéndole, o no alcanzando su número, se completará por el mismo procedimiento de una lista formada con el presidente y los magistrados de la Audiencia de La Habana remitida al presidente del Senado por el presidente de dicha Audiencia;

Tres miembros de la Cámara de Representantes;

Tres miembros de la Facultad de Derecho de la Universidad de La Habana; y

Tres miembros de la lista de cincuenta abogados;

Este tribunal será presidido por el funcionario judicial de mayor categoría y en su defecto por el de mayor antigüedad de los que concurran a integrarlo;

El Senado, una vez nombrado el Gran Jurado, le dará traslado de la denuncia para la tramitación oportuna. Dictado el
fallo, el Gran Jurado se disolverá.

Título XV. El régimen municipal

Sección I. Disposiciones generales

Artículo 209. El Municipio es la sociedad local organizada políticamente por autorización del Poder Legislativo en una extensión territorial determinada por necesaria relaciones de vecindad, sobre una base de capacidad económica para satisfacer los gastos del gobierno propio, y con personalidad jurídica a todos los efectos legales.

La ley determinará el territorio, el nombre de cada Municipio y el lugar de residencia de su gobierno.

Artículo 210. Los Municipios podrán asociarse para fines intermunicipales por acuerdo de sus Ayuntamientos o Comisiones. También podrán incorporarse unos Municipios a otros o dividirse para constituir otros nuevos, o alterar sus límites, por iniciativa popular y con aprobación del Congreso, oído el parecer de los Ayuntamientos o Comisiones respectivas.

Para acordar la segregación de parte de un Término Municipal y agregarla a otro u otros colindantes será preciso que lo solicite, por lo menos, un 10 % de los vecinos de la porción de territorio que se trate de segregar, y que, en una elección de referendo, el 60 % de los electores de dicha parte se muestre conforme con la segregación.

Si el resultado del referendo fuese favorable a la solicitud presentada se elevará el asunto al Congreso para su resolución definitiva.

Al señalarse las nuevas demarcaciones de territorio y practicarse la división de bienes se respetará el derecho de propiedad privada del Municipio cedente sobre los bienes que haya adquirido o construido en la porción que se le segrega, sin perjuicio de reconocerle al Municipio que la recibe la parte proporcional que le corresponda por lo que hubiere aportado para la adquisición o construcción de dichos bienes.

Siempre que se trate de la Constitución de un nuevo Municipio, corresponderá al Tribunal de Cuentas informar sobre la capacidad económica del mismo para el mantenimiento del gobierno propio.

Artículo 211. El gobierno municipal es una entidad con poderes para satisfacer las necesidades colectivas peculiares de la capacidad local, y es además un organismo auxiliar del Poder Central, ejercido por el Estado a través de todo el territorio nacional.

Artículo 212. El Municipio es autónomo. El gobierno municipal queda investido de todos los poderes necesarios para resolver libremente los asuntos de la sociedad local.

Las facultades de las cuales no resulta investido el gobierno municipal por esta Constitución quedan reservadas al Gobierno nacional.

El Estado podrá suplir la gestión municipal cuando ésta sea insuficiente en caso de epidemia, grave alteración del orden público y otros motivos de interés general, en la forma que determine la ley.

Artículo 213. Corresponde especialmente al gobierno municipal:

a) Suministrar todos los servicios públicos locales; comprar, construir y operar empresas de servicios públicos o prestar dichos servicios mediante concesión o contrato, con todas las garantías que establezca la ley, y adquirir, por expropiación o por compra, para los propósitos indicados, las propiedades necesarias. También podrán operar empresas de carácter económico;

b) Llevar a cabo mejoras públicas locales y adquirir por compra, de acuerdo con sus dueños o mediante expropiación, las propiedades directamente necesarias para la obra proyectada y las que conviniesen para resarcirse del costo de la misma;

c) Crear y administrar escuelas, museos y bibliotecas públicas, campos para educación física y campos recreativos, sin perjuicio de lo que la ley establezca sobre educación, y adoptar y ejecutar dentro de los límites del Municipio, reglas sanitarias y de vigilancia local y otras disposiciones similares que no se opongan a la ley, así como propender al establecimiento de cooperativas de producción y de consumo y exposición y jardines botánicos y zoológicos, todo con carácter de servicio público;

d) Nombrar los empleados municipales con arreglo a lo que establezcan esta Constitución y la ley;

e) Formar sus presupuestos de gastos e ingresos y establecer los impuestos necesarios para cubrirlos, siempre que éstos sean compatibles con el sistema tributario del Estado.

Los Municipios no podrán reducir ni suprimir ingresos de carácter permanente sin establecer al mismo tiempo otros que los sustituyan, salvo en caso en que la reducción o supresión corresponda a la reducción o supresión de gastos permanentes equivalentes.

Los créditos que figuren en los presupuestos para gastos serán divididos en dozavas partes y no pagará ninguna atención del mes corriente si no han sido liquidadas todas las del anterior;

f) Acordar empréstitos, votando al mismo tiempo los ingresos permanentes necesarios para el pago de sus intereses y amortizaciones.

Ningún Municipio podrá contraer obligaciones de esta clase sin previo informe favorable del Tribunal de Cuenta.

En el caso de que se acordare nuevos impuestos para el pago de las obligaciones a que se refiere el Párrafo anterior se requerirá además la votación conforme en una elección de referendo de la mitad más uno de los votos estimados por los electores del Término Municipal, sin que la votación pueda ser inferior al 30 % de los mismos;

g) Contraer obligaciones económicas de pago aplazado para costear obras públicas, con el deber de consignar en los sucesivos presupuestos anuales los créditos necesarios para satisfacerlas, y siempre que su pago no absorba la capacidad económica del Municipio para prestar los otros servicios que tiene a su cargo. No podrá ningún municipio contraer obligaciones de esta clase sin previo informe favorable del tribunal de Cuentas y la votación conforme también de las dos terceras partes de los miembros que compongan el Ayuntamiento o la Comisión;

h) La enumeración de estas facultades, así como cualquiera otra que se haga en la ley, no implica una limitación o restricción de las facultades generales concedidas por la Constitución al Municipio, sino la expresión de una parte de la misma, sin perjuicio de lo dispuesto en el **Artículo** doscientos doce de esta Constitución.

El comercio, las comunicaciones y el tránsito intermunicipales no podrán ser gravados por el Municipio. Queda prohibido el agio o la competencia desleal que pudiera resultar de medidas adoptadas por los Municipios. Los impuestos municipales sobre artículos de primera necesidad se ajustarán a las bases que establezca la ley.

Artículo 214. El gobierno de cada Municipio está obligado a satisfacer las siguientes necesidades mínimas locales:

a) El pago puntual de sueldos y jornales a los funcionarios y empleados municipales, de acuerdo con el nivel de vida de la localidad;

b) El sostenimiento de un albergue y casa de asistencia social, un taller de trabajo y una granja agrícola;

c) El mantenimiento de la vigilancia pública y de un servicio de extinción de incendios;

d) El funcionamiento, por lo menos en la cabecera, de una escuela, una biblioteca, un centro de cultura popular y una casa de socorros médicos.

Artículo 215. En cada Municipio existirá una Comisión de urbanismo, que tendrá la obligación de trazar el plan de ensanche y embellecimiento de la ciudad y vigilar su ejecución, teniendo en cuenta las necesidades presentes y futuras del tránsito público, de la higiene, del ornato y del bienestar común.

Dicha Comisión atenderá a todo lo concerniente a la vivienda del trabajador y propondrá planes de fabricación de casas para obreros y campesinos, las cuales podrán ser adquiridas a largo plazo con el importe de un módico alquiler que restituya al Municipio el capital invertido. Los Municipios procederán a ejecutar el plan que aprobaren, consignando obligatoriamente en sus presupuestos las cantidades necesarias a tal fin de sus ingresos ordinarios, sin que puedan ser éstas inferiores al costo de una casa en cada ejercicio económico, o acudiendo a los medios que les brinda la Constitución para llevar a cabo obras de esta naturaleza, en el caso de que sus ingresos ordinarios no fuesen suficientes para ellos.

Existirá asimismo una Comisión de caminos vecinales, que tendrá la obligación de trazar, construir y conservar aquellos que, según un plan y régimen, previamente acordado, favorezcan la explotación, el transporte y la distribución de los productos.

Artículo 216. La ley determinará la urbanización de los caseríos o poblados contiguos a los bateyes de los ingenios azucareros o cualquier otra explotación agrícola o industrial de análoga naturaleza.

Sección II. Garantías de la autonomía municipal

Artículo 217. Como garantía de la autonomía municipal queda establecido lo siguiente:

a) Ningún gobernante local podrá ser suspendido ni destituido por el presidente de la República, por el gobernador de la Provincia ni por ninguna otra autoridad gubernativa.

Solo los Tribunales de Justicia podrán acordar la suspensión o separación de sus cargos de los gobernantes locales, mediante procedimiento sumario instruido conforme a la ley, sin perjuicio de lo que disponga sobre la revocación del mandato público.

Tampoco podrán ser intervenidos en ninguna de las funciones propias de su cargo por otro funcionario o autoridades, salvo las facultades concedidas por la Constitución al Tribunal de Cuentas;

b) Los acuerdos del Ayuntamiento o de la comisión, o las resoluciones del alcalde o de cualquier otra autoridad municipal no podrán ser suspendidos por el presidente de la República, el gobernador de la Provincia ni otra autoridad gubernativa.

Los referidos acuerdos o resoluciones solo podrán ser impugnados por autoridades gubernativas, cuando éstas los estimen ilegales, ante los tribunales de justicia, que serán los únicos competentes para declarar, mediante el procedimiento sumario que establezca la ley, si el organismo o las autoridades municipales los han tomado o no, dentro de la esfera de su competencia, de acuerdo con las facultades concedidas a los mismos por la Constitución;

c) Ninguna ley podrá recabar para el Estado, las Provincias u otros organismos o instituciones todas o parte de las cantidades que recauden los Municipios por concepto de contribuciones, impuestos y demás medios de obtención de los ingresos municipales;

d) Ninguna ley podrá declarar de carácter nacional un impuesto o tributo municipal que constituya una de las fuentes de ingresos del Municipio, sin garantizarle al mismo tiempo ingresos equivalentes a los nacionalizados;

e) Ninguna ley podrá obligar a los Municipios a ejercer funciones recaudadoras de impuestos de carácter nacional o provincial a menos que los organismos interesados en el cobro nombren los auxiliares para esa gestión;

f) El Municipio no estará obligado a pagar ningún servicio que no esté administrado por el mismo, salvo que otra cosa hubiere convenido expresamente con el Estado, los particulares u otros Municipios.

Artículo 218. El alcalde o cualquier otra autoridad representativa del gobierno local podrá, por sí o cumpliendo acuerdo del Ayuntamiento o de la Comisión, interponer ante el pleno del Tribunal Supremo recurso de abuso de poder contra toda resolución del Gobierno Nacional o Provincial que, a su juicio, atente contra el régimen de autonomía municipal establecido por la Constitución, aunque la resolución haya sido dictada en uso de facultades discrecionales.

Artículo 219. Como garantía de los habitantes del término municipal respecto a sus gobernantes locales, se dispone lo siguiente:

a) En caso de que las resoluciones o acuerdos de las autoridades u organismos municipales lesionen algún interés privado o social, el perjudicado o cualquier habitante del Municipio que considere que el acuerdo o resolución lesiona el interés público, podrá solicitar su nulidad y la reparación del daño ante los tribunales de justicia, mediante un procedimiento sumario establecido por la ley. El Municipio responderá subsidiariamente y tendrá el derecho de repetir, cuando fuere condenado al pago, contra el funcionario culpable de haber ocasionado el daño en los términos que disponga la ley;

b) Se exigirá el referendo en la contratación de empréstitos, emisiones de bonos y otras operaciones de movilización del crédito municipal que por su cuantía obliguen al Municipio que las realiza a la creación de nuevos impuestos para responder el pago de las amortizaciones o pagos de dichas contrataciones;

c) Se concederá el derecho de iniciativa a un tanto por ciento que fijará la ley del Cuerpo electoral del Municipio para proponer acuerdos al Ayuntamiento o a la Comisión. Si éstos rechazaran la iniciativa o no resolvieran sobre ella, deberán someterlas a la consulta popular mediante referendo en la forma que la ley determine;

d) La revocación del mandato político podrá solicitarse contra los gobernantes locales por un tanto por ciento de los electores del Municipio, en la forma que la ley determine;

e) Se considerará resuelto negativamente lo que se solicite de las autoridades y organismos municipales cuando la petición o reclamación no fuere resuelta favorablemente dentro del término fijado por la ley. Ésta regulará todo lo relativo a la impugnación de tales denegaciones tácitas y la responsabilidad de los culpables de la demora.

La ley fijará sanciones por la demora injustificada en la tramitación de las peticiones formuladas por los habitantes del término municipal a las autoridades y organismos municipales.

Artículo 220. La responsabilidad penal en que incurran los alcaldes, los miembros del Ayuntamiento o de la Comisión y demás autoridades municipales será exigible ante los Tribunales de Justicia, bien de oficio, a instancia del fiscal, o por acción privada. Ésta será popular y podrá ejercitarse sin constituir fianza, por no menos de veinticinco vecinos del término municipal, sin perjuicio de las responsabilidades que proceda por acusación falsa o calumniosa.

Artículo 221. De los acuerdos municipales serán responsables los que votaran a favor de ellos y los que no habiendo asistido a la sesión en que se tomaron, sin estar en uso de licencia, oficial entonces, dejaran transcurrir las dos sesiones siguientes sin salvar su voto. Estas salvedades no afectarán en ningún caso a la eficiencia de los acuerdos definitivamente adoptados.

Sección III. Gobierno Municipal

Artículo 222. Los términos municipales estarán regidos en la forma que establezca la ley, la cual reconocerá el derecho de los Municipios a darse su propia Carta Municipal de acuerdo con esta Constitución. La organización municipal será democrática y responderá en forma sencilla y eficaz al carácter esencialmente administrativo del gobierno local.

Artículo 223. Los Municipios podrán adoptar su propia Carta municipal de acuerdo con el siguiente procedimiento que regulará la ley. El Ayuntamiento o la Comisión, a petición de un 10 % de los electores del Municipio y con el voto conforme a las dos terceras partes de sus miembros, consultará al Cuerpo electoral del Municipio, por medio de los organismos electorales correspondientes, si desea elegir una Comisión de quince miembros para redactar una Carta municipal.

Los nombres de los candidatos para formar parte de la Comisión figurarán en las correspondientes boletas, y si la mayoría de los electores votasen favorablemente la pregunta formulada, los quince candidatos que hayan recibido la mayor votación, de acuerdo con el sistema de representación proporcional, serán los electos para integrar la Comisión. Ésta redactará la Carta municipal y someterá a la aprobación de los electores del Municipio, no antes de los treinta días de haberla terminado y repartido, ni después del año de elegida la Comisión.

El Municipio adoptará uno de estos sistemas de gobierno: el de Comisión o el de Ayuntamiento y gerente, y el de alcalde y Ayuntamiento.

Artículo 224. En el sistema de gobierno por Comisión el número de comisionados, incluyendo entre ellos al alcalde como presidente, será de cinco en los Municipios que tengan veinte mil habitantes, de siete en los que tengan de veinte mil a cien mil y de nueve en los mayores de cien mil habitantes.

Todos los comisionados serán elegidos directamente por el pueblo por un periodo de cuatro años. Cada comisionado será jefe de un departamento de la organización municipal, del cual será responsable, y estará encargado de cumplir y hacer cumplir, en cuanto a su departamento, los acuerdos adoptados por la Comisión. La ley fijará los requisitos que deban exigirse al comisionado según el departamento de que se trate.

Conjuntamente los comisionados integrarán el Cuerpo Deliberativo del Municipio.

Artículo 225. En el sistema de Ayuntamiento y gerente habrá además un alcalde que presidirá el Ayuntamiento y será el representante del pueblo en todos los actos oficiales o de carácter social.

El gerente social será un técnico o persona de reconocida capacidad en asuntos municipales y actuará como jefe de administración municipal, con facultades para nombrar y remover los funcionarios y empleados del Municipio con observancia de lo establecido en esta Constitución.

El cargo proveerá por el Ayuntamiento, por término de seis años, mediante concurso-oposición, ante un tribunal compuesto de los siguientes miembros: un profesor de Gobierno Municipal; un profesor de Derecho Administrativo; un contador público, y dos representantes del Municipio. El profesor de Derecho Administrativo y el de Gobierno Municipal serán nombrados por una Facultad universitaria de Ciencias Sociales; el contador público, por la Escuela de Comercio de la Provincia a que pertenezca el Municipio, y los representantes del Municipio por el Ayuntamiento del término de que se trate.

Una vez nombrado el gerente por el Ayuntamiento, a propuesta del Tribunal calificador, no podrá ser destituido sino por sentencia de la autoridad judicial competente, o por la voluntad popular, siempre de acuerdo con las causas y las formalidades que la ley establezca.

El Ayuntamiento estará integrado, en esta forma de Gobierno, por seis concejales, cuando la población del Municipio no exceda de veinte mil habitantes; por catorce, cuando sea superior a veinte mil y no exceda de cien mil, y por veintiocho cuando sea superior a cien mil habitantes, todos elegidos directamente por el pueblo por un periodo de cuatro años.

Artículo 226. En el sistema de alcaldes y Ayuntamiento presidido por el alcalde, tanto éste como los concejales serán elegidos directamente por el pueblo por un periodo de cuatro años.

La ley determinará la composición que haya de tener el Ayuntamiento y fijará las reglas según las cuales los partidos políticos deberán siempre postular para dicho organismo representante de los diversos intereses y actividades de la localidad.

Artículo 227. El alcalde, el gerente y los comisionados recibirán del Tesoro Municipal una dotación que podrá ser alterada en todo tiempo, pero que no surtirá efecto sino después que se verifique una nueva elección de alcalde, del Ayuntamiento o de la Comisión.

El aumento en la dotación del alcalde estará subordinado al aumento efectivo en las recaudaciones municipales durante los dos últimos años precedentes a la fecha en que deba hacerse efectivo.

El cargo de concejal podrá ser retribuido cuando las condiciones económicas del Municipio lo permitan y los servicios públicos estén debidamente dotados y atendidos.

Artículo 228. Si faltare temporal o definitivamente el alcalde en cualquiera de los tres sistemas anteriormente señalados, él sustituirá al concejal o comisionado que a sus efectos habrá sido elegido en la primera sesión celebrada por el Ayuntamiento o la Comisión. Si la falta fuese del Gobierno, el Ayuntamiento procederá a cubrir la vacante en la misma forma dispuesta para la provisión del cargo.

Artículo 229. Para ser alcalde municipal, gerente, comisionado o concejal se requiere ser ciudadano cubano, tener veintiún años de edad y reunir los demás requisitos que señale la ley. En cuanto el alcalde, se requerirá, además, no haber pertenecido al servicio activo de las Fuerzas Armadas de la República durante los dos años inmediatos anteriores a la fecha de su designación como candidato.

La vecindad o residencia en el Municipio no será exigible en cuanto al gerente.

Artículo 230. La ley podrá crear el Distrito Metropolitano de La Habana, federando con la ciudad capital los Municipios que la circundan, en el número que la propia ley determine.

Los Municipios federados tendrán representación directa en el Municipio del Distrito Metropolitano, conservando su organización democrática y popular.

Artículo 231. En los presupuestos municipales se consignarán para atención de los barrios rurales las cantidades correspondientes, de acuerdo con la siguiente escala gradual:

En los barrios rurales que contribuyan de 0,100 a 1,000 $...................... el 35 %
En los barrios rurales que contribuyan de 1,001 a 5,000 $...................... el 30 %
En los barrios rurales que contribuyan de 5,001 a 10,000 $...................... el 25 %
En los barrios rurales que contribuyan de 10,001 $ en adelante................ el 20 %

Artículo 232. Las elecciones municipales se celebrarán en fecha distinta a las elecciones generales.

Título XVI

Sección única. Del Régimen Provincial

Artículo 233. La Provincia comprenderá los Municipios situados dentro de su territorio. Cada Provincia estará regida por un gobernador y un Consejo Provincial.

El gobernador ostentará la representación de la Provincia. El Consejo Provincial es el órgano de orientación y coordinación de los intereses de la Provincia.

Artículo 234. Las Provincias podrán refundirse o dividirse para formar otra nueva, o modificar sus límites, mediante acuerdo de los respectivos Consejos Provinciales y la aprobación del Congreso.

Artículo 235. El gobernador será elegido por un periodo de cuatro años, por sufragio directo y secreto, en la forma que determine la ley. Para ser gobernador se requiere:

a) Ser cubano por nacimiento o naturalización, y en este último caso con diez años de residencia en la República, contados desde la fecha de la naturalización;

b) Haber cumplido veinticinco años de edad;

c) Hallarse en el pleno goce de los derechos civiles y políticos;

d) No haber pertenecido al servicio activo de las Fuerzas Armadas de la República durante los dos años inmediatos anteriores a la fecha de su designación como candidato.

Artículo 236. El gobernador recibirá del Tesoro Provincial una dotación que podrá ser alterada en todo tiempo, pero que no surtirá efecto sino después que se verifique nueva elección de gobernador.

El aumento en la dotación del gobernador estará subordinado al aumento efectivo de los ingresos provinciales durante los dos últimos años precedentes a la fecha que deba hacerse efectivo.

Artículo 237. Por si fallare temporal o definitivamente el gobernador, lo sustituirá en el cargo el alcalde de más edad.

Artículo 238. Corresponde al gobernador de la Provincia:

a) Cumplir y hacer cumplir, en los extremos que le conciernan, las leyes, decretos y reglamentos de la Nación;

b) Publicar los acuerdos del Consejo Provincial que tengan fuerza obligatoria, ejecutándolos y haciéndolos ejecutar, determinando las penalidades correspondientes a la infracción cuando no hayan sido fijadas por el Consejo;

c) Expedir órdenes y dictar además las instrucciones y reglamentos para la mejor ejecución de los acuerdos del Consejo cuando éste no lo hubiere hecho.

Artículo 239. Formarán el Consejo Provincial los alcaldes municipales de la Provincia. Los alcaldes podrán concurrir a las sesiones del Consejo asistidos de peritos en cada uno de los servicios fundamentales de la comunidad, tales como administración, salubridad y asistencia social, educativa y obras públicas, los cuales tendrán el carácter de consultores técnicos del Consejo y podrán ser oídos por éste, pero no tendrán voto. El cargo de asesor técnico será honorífico y gratuito.

Artículo 240. El gobernador tendrá su sede en la capital de la Provincia, pero las sesiones del Consejo Provincial podrán celebrarse indistintamente en la cabecera de cualquier Término Municipal de la misma, previo acuerdo del Consejo.

Artículo 241. Los Consejos Provinciales se reunirán, por lo menos, una vez cada dos meses, sin perjuicios de las sesiones extraordinarias que podrán celebrarse cuando las convoque el gobernador por sí o a instancia de tres o más miembros del Consejo Provincial.

Artículo 242. Corresponde al Consejo Provincial:

a) Formar su presupuesto ordinario de ingresos y gastos y determinar la cuota que en proporción igual —en relación con los ingresos— deberá aportar obligatoriamente cada Municipio para sufragar los gastos de la Provincia;

b) Prestar servicios públicos y ejecutar obras de interés provincial, especialmente en los ramos de salubridad y asistencia social, educativa y comunicaciones, sin contravenir las leyes del Estado;

c) Acordar empréstitos para realizar obras públicas o planes provinciales de carácter social o económico, y votar a la vez los ingresos permanentes necesarios para el pago de sus intereses y amortizaciones. No podrá acordarse ningún empréstito sin el informe previo favorable del Tribunal de Cuentas y el acuerdo de las dos terceras partes de los miembros del Consejo Provincial.

En el caso en que se acordare nuevos impuestos para el pago de la obligación a que se refiere el Párrafo anterior, será necesario además la votación conforme, en una elección de referendo, de la mitad más una de los votos emitidos por los electores de la Provincia, sin que la votación pueda ser inferior al 30 % de los mismos;

d) Nombrar y remover los empleados y provinciales con arreglos a esta Constitución y la ley.

Artículo 243. A los efectos de lo dispuesto en el **Artículo** anterior se tomará como base para calcular los ingresos la cifra promedio de los ingresos efectivos del quinquenio anterior.

Artículo 244. Cuando las obras acordadas por el Consejo no sean de carácter provincial, sino en interés de los Municipios, éstos deberán recibir en beneficio una consignación mínima proporcional a sus cuotas contributivas.

Artículo 245. Ningún miembro del Consejo Provincial podrá ser suspendido ni destituido por autoridad gubernativa. Tampoco podrán ser suspendidos ni anulados por dicha autoridad los acuerdos y decisiones del Consejo, los que podrán ser impugnados ante los tribunales de justicia, mediante procedimientos sumario especial que la ley regulará, por las autoridades gubernativas municipales o nacionales, por cualquier vecino que resulte perjudicado por el acuerdo o resolución, o estime que éstos lesionan un interés público.

Los acuerdos de los Consejos Provinciales serán tomados en sesiones públicas.

Solo las Audiencias están facultadas para suspender o separar a los Consejeros Provinciales a causa de delito en sumario instruido conforme a la ley, o por sentencia firme que lleve aparejada inhabilitación. En caso de suspensión o separación de un Consejo Provincial, la sanción se extenderá a sus funciones como alcalde municipal.

Artículo 246. El gobernador, previo acuerdo del Consejo Provincial, podrá interponer ante el pleno del Tribunal Supremo de Justicia, en la forma que la ley determine, recurso de abuso de poder contra las resoluciones del Gobierno nacional que, a su juicio, atente contra el régimen de autonomía provincial establecido por la Constitución, aunque la resolución haya sido dictada en uso de facultades discrecionales.

Artículo 247. El Consejo Provincial y el gobernador deben acatamiento al Tribunal de Cuentas del Estado en materia de contabilidad, quedando obligados a suministrarle todos los datos e informes que éste solicite, especialmente los relativos a la formación y liquidación de los presupuestos.

El gobernador designará, en la oportunidad que le indique el Tribunal de Cuentas, un perito conocedor de la Hacienda Provincial para que asista al Tribunal en el examen de la contabilidad de la Provincia.

Artículo 248. Las disposiciones sobre Hacienda Pública contenidas en el Título correspondiente de esta Constitución, serán aplicables a la Provincia, en cuanto sea compatible con el régimen de la misma.

Artículo 249. Los Consejeros Provinciales y el gobernador serán responsables ante los tribunales de justicia, en la forma que la ley prescriba, de los actos que realicen en el ejercicio de sus funciones. El cargo de Consejero Provincial es honorífico, gratuito y obligatorio.

Artículo 250. La ley organizará el principio de gobierno y de administración provincial que se establecen en esta Constitución, de modo que corresponda al carácter administrativo del gobierno provincial.

Título XVII. Hacienda Nacional

Sección I. De los bienes y finanzas del Estado

Artículo 251. Pertenecen al Estado, además de los bienes de dominio público y de los suyos propios, todos los existentes en el territorio de la República que no correspondan a las Provincias o a los Municipios ni sean, individual o colectivamente, de propiedad particular.

Artículo 252. Los bienes propios o patrimoniales del Estado solo podrán enajenarse o grabarse con las siguientes condiciones:

a) Que el Congreso lo acuerde en ley extraordinaria, por razón de necesidad o conveniencia social, y siempre por las dos terceras partes de cada Cuerpo Colegislador;

b) Que la venta se realice mediante subasta pública. Si se trata de arrendamiento se procederá según disponga la ley;

c) Que se designe el producto a crear trabajo, atender servicios o a satisfacer necesidades públicas.

Podrá, sin embargo, acordarse la enajenación o gravamen en ley ordinaria y realizarse sin el requisito de subasta pública, cuando se haga para desarrollar un plan económico nacional aprobado en ley extraordinaria.

Artículo 253. El Estado no concertará empréstitos sino en virtud de una ley aprobada por las dos terceras partes del número total de los miembros de cada Cuerpo Colegislador, y en que se voten al mismo tiempo los ingresos permanentes necesarios para el pago de intereses y amortización.

Artículo 254. El Estado garantiza la Deuda Pública y en general toda operación que implique responsabilidad económica para el Tesoro Nacional, siempre que la hubiere contraído de acuerdo con lo dispuesto en la Constitución y en la ley.

Sección II. Del presupuesto

Artículo 255. Todos los ingresos y gastos del Estado, con excepción de los que se mencionan más adelante, serán previstos y fijados en presupuestos anuales y solo regirán durante el año para el cual hayan sido aprobados.

Se exceptúan de lo dispuesto en el Párrafo anterior los fondos, cajas especiales o patrimonios privados de los organismos autorizados por la Constitución o por la ley, y que estén dedicados a seguros sociales, obras públicas, fomento de la agricultura y regulación de la actividad industrial, agropecuaria, comercial o profesional, y en general al fomento de la riqueza nacional. Estos fondos o sus impuestos serán entregados al organismo autónomo y administrado por éste, de acuerdo con la ley que los haya creado, sujetos a la fiscalización del Tribunal de Cuentas.

Los gastos de los Poderes Legislativo y Judicial, los del Tribunal de Cuentas y los intereses y amortización de empréstitos, y los ingresos con que hayan de cubrirse, tendrán el carácter de permanentes y se incluirán en el presupuesto fijo que regirá mientras no sea reformado por leyes extraordinarias.

Artículo 256. A los efectos de la protección de los intereses comunes y nacionales, dentro de cualquier rama de la producción, así como de las profesiones, la ley podrá establecer asociaciones obligatorias de productores, determinando la forma de Constitución y funcionamiento de los organismos nacionales y los regionales que fueran necesarios, en forma tal que en todos los momentos estén regidos por la mayoría de sus asociados con autoridad plena, concediéndoles asimismo el derecho de subvenir a las necesidades de su acción organizada mediante las cuotas que por ministerio de la propia ley se impongan.

Los presupuestos de estos organismos o cooperativas serán fiscalizados por el Tribunal de Cuentas.

Artículo 257. El Congreso no podrá incluir en las leyes de presupuesto disposiciones que introduzcan reformas legislativas o administrativas de otro orden, ni podrá reducir o suprimir ingresos de carácter permanente sin establecer al mismo tiempo otros que los sustituyan, salvo el caso en que reducción o suspensión corresponda a la reducción de gastos permanentes de igual cuantía; ni asignará a ninguno de los servicios que deban dotarse en el presupuesto anual cantidad mayor de la indicada en el proyecto del Gobierno.

Podrá por medio de las leyes crear nuevos servicios o ampliar los existentes.

Toda ley que origine gastos fuera del presupuesto, o que represente en el porvenir erogaciones de esa clase, deberá establecer, bajo pena de nulidad, el medio de cubrirlos en cualquiera de estas formas:

a) Creación de nuevos ingresos;

b) Supresión de erogaciones anteriores;

c) Comprobación cierta de superávit o sobrante por el Tribunal de Cuentas.

Artículo 258. El estudio y formación de los presupuestos anuales del Estado corresponden al Poder Ejecutivo; su aprobación o modificación, al Congreso, dentro de los límites establecidos en la Constitución. En caso de necesidad perentoria, el Congreso por medio de una ley podrá acordar un presupuesto extraordinario.

El Poder Ejecutivo presentará al Congreso a través de la Cámara de Representantes el proyecto de presupuesto anual sesenta días antes de la fecha en que deba comenzar a regir. El presidente de la República, y especialmente el ministro de Hacienda, incurrirá en la responsabilidad que la ley determine si el presupuesto llega al Congreso después de la fecha antes fijada. La Cámara de Representantes deberá enviar con su acuerdo el proyecto de presupuesto al Senado treinta días antes de la fecha en que deba comenzar a regir.

Si el presupuesto general no fuera votado antes del primer día del año económico en que deba regir, se entenderá prorrogado por trimestre, conjuntamente con la Ley de Bases que haya venido rigiendo. En este caso el Poder Ejecutivo no podrá hacer más modificaciones que las derivadas de gastos ya pagados, o de servicios o gastos no necesarios, en el nuevo ejercicio fiscal.

Las atenciones del presupuesto ordinario serán cubiertas necesariamente con ingresos de este tipo previsto en el mismo, sin que en ningún caso puedan cubrirse con ingresos extraordinarios, a no ser que lo autorice así una ley de este carácter.

El presupuesto ordinario será ejecutivo, con la sola aprobación del Congreso, que lo hará publicar inmediatamente.

Artículo 259. Los presupuestos contendrán en la parte de egresos epígrafes en que se haga constar:

a) El montante absoluto de las responsabilidades legítimas del Estado, liquidables y no pagadas, correspondiente a presupuestos anteriores:

b) La proporción de ese montante, que se satisfará con los ingresos ordinarios correspondientes al nuevo presupuesto.

La Ley de Bases establecerá, en cuanto a los inicios anteriores, necesariamente, las reglas relativas a la forma en que habrá de prorratearse entre los acreedores con créditos liquidados, la cantidad o cantidades que se fije para cargos durante la vigencia del presupuesto.

Artículo 260. Los créditos consignados en el estado de gastos del presupuesto fijarán las cantidades máximas destinadas a cada servicio, que no podrán ser aumentadas ni transferidas por el Poder Ejecutivo sin autorización previa del Congreso.

El Poder Ejecutivo podrá, sin embargo, conceder bajo su responsabilidad, y cuando el Congreso no esté reunido, créditos o suplementos de créditos en los siguientes casos:

a) Guerra o peligro inminentes de ella;

b) Grave alteración del orden público;

c) Calamidades públicas.

La tramitación de estos créditos se determinará por la ley.

Artículo 261. El Poder Ejecutivo tiene la obligación de rendir anualmente las cuentas del Estado. A ese fin, el ministro de Hacienda liquidará el presupuesto anual dentro de los tres primeros meses siguientes a su expiración, y, previa aprobación por el Consejo de Ministros, enviará su informe, con los datos y comprobantes necesarios, al Tribunal de Cuentas.

Este dictaminará sobre el informe dentro de los tres meses siguientes, y en este plazo, y sin perjuicio de la efectividad de sus acuerdos, comunicará al Congreso y al Poder Ejecutivo las infracciones o responsabilidades en que a su juicio se haya incurrido. El Congreso será, en definitiva, el que apruebe o rechace las cuentas. Los créditos presupuestados para gastos imprevistos de la Administración solo podrán ser invertidos, en su caso, previo acuerdo del Consejo de Ministros.

El Poder Ejecutivo remitirá al Congreso mensualmente los balances correspondientes a los ingresos y gastos del Estado.

Artículo 262. El Poder Ejecutivo impedirá la duplicidad de servicios y la multiplicidad de agencias oficiales o semioficiales dotadas total o parcialmente por el Estado para la realización de sus fines.

Artículo 263. Nadie estará obligado al pago de impuesto, tasa o contribución alguna que no haya sido establecido expresamente por la ley o por los Municipios, en la forma dispuesta por esta Constitución y cuyo importe no vaya a formar parte de los ingresos del presupuesto del Estado, la Provincia o el Municipio, salvo que se disponga otra cosa en la Constitución o en la ley.

No se consideran comprendidas en la Disposición anterior las contribuciones o cuotas impuestas por la ley con carácter obligatorio a las personas o entidades integrantes de una industria, comercio o profesión, en favor de su organismo reconocido por la ley.

Artículo 264. El Estado, sin perjuicio de los demás medios a su alcance regulará el fomento de la riqueza nacional mediante la ejecución de obras públicas pagaderas, en todo o en

parte, por los directamente beneficiados. La ley determinará
la forma y el procedimiento adecuado para que el Estado, la
Provincia o el Municipio, por iniciativa propia o acogiendo
la privada, promuevan la ejecución de tales obras, otorguen
las concesiones pertinentes, autoricen la fijación, el reparti-
miento y la cobranza de impuestos para esos fines.

Artículo 265. La liquidación de cada crédito proveniente de
fondos del Estado para la ejecución de cualquier obra o servicio público, será publicada íntegramente en la Gaceta Oficial
de la República, tan pronto haya obtenido la superior aprobación del Ministerio correspondiente.

El acta de recepción, ya sea parcial, total, provisional o
definitiva, de toda obra pública ejecutada total o parcialmente con fondos provenientes del Estado, será publicada en la
Gaceta Oficial de la República, tan pronto haya obtenido la
aprobación superior del Ministerio correspondiente.

Tanto la liquidación de los créditos provenientes de los
fondos del Estado, como las recepciones definitivas de las
obras ejecutadas por contrato o administración, sufragadas
parcial o totalmente con fondos provenientes del Estado, serán sometidas a la aprobación superior dentro de los sesenta
días naturales después de terminadas las obras, sin perjuicio
de las liquidaciones y recepciones parciales que se consideren
procedentes por la administración durante el proceso de ejecución de las obras.

Sección III. Del Tribunal de Cuentas

Artículo 266. El Tribunal de Cuentas es el organismo fisca-
lizador de los ingresos y gastos del Estado, la Provincia y

el Municipio, y de las organizaciones autónomas nacidas al amparo de la ley que reciban sus ingresos, directa o indirectamente, a través del Estado. El Tribunal de Cuentas solo depende de la ley, y sus conflictos con otros organismos se someterán a la resolución del Tribunal Supremo de Justicia.

Artículo 267. El Tribunal de Cuentas estará compuesto por siete miembros, cuatro de los cuales serán abogados y tres contadores públicos o profesores mercantiles. También podrá ser designado, aun sin ser abogado o contador, cualquier persona que esté comprendida en el Inciso d) del **Artículo** siguiente. Los abogados deberán reunir los mismos requisitos que exigen para ser miembro del Tribunal Supremo.

Los contadores públicos o profesores mercantiles deberán ser mayores de treinta y cinco años, cubanos por nacimiento y tener no menos de diez años en el ejercicio de su profesión.

El Pleno del Tribunal Supremo designará dos de los abogados, que serán el presidente y el secretario del Tribunal.

El presidente de la República designará un miembro abogado y un contador público o profesor mercantil.

El Senado designará un miembro abogado y un contador público o profesor mercantil.

El Consejo Universitario designará un miembro contador público o profesor mercantil.

Los miembros del Tribunal de Cuentas desempeñarán sus cargos por periodos de ocho años y solo podrán ser separados dentro de este periodo por el Tribunal de Garantías Constitucionales y Sociales del Tribunal Supremo de Justicia de la República, previo expediente y resolución razonada.

Los miembros del Tribunal de Cuentas no podrán formar parte de ningún otro organismo oficial o autónomo que dependa directa o indirectamente, del Estado, la Provincia o el Municipio, ni podrán ejercer profesión, industria o comercio.

Artículo 268. Para ser miembro del Tribunal de Cuentas se requiere:

a) Ser cubano por nacimiento;

b) Haber cumplido treinta y cinco años de edad;

c) Hallarse en el pleno goce de los derechos civiles y políticos y no tener antecedentes penales;

d) Ser abogado con diez años de ejercicio; haber sido ministro, o secretario, o subsecretario de Hacienda; interventor general de la República, tesorero o jefe de contabilidad del Ministerio de Hacienda; catedrático de Economía, Hacienda, Intervención y Fiscalización o de Contabilidad en establecimiento oficial de enseñanza; o poseer título de contador público o profesor mercantil con diez años de ejercicio.

Los miembros del Tribunal de Cuentas no podrán tener interés material, directo o indirecto, en ninguna empresa agrícola, industrial, comercial o financiera conectada con el Estado, la Provincia o el Municipio.

Artículo 269. El Tribunal de Cuentas nombrará interventores, funcionarios, empleados y auxiliares, mediante pruebas acreditativas de capacidad.

Artículo 270. Son atribuciones del Tribunal de Cuentas:

a) Velar por la aplicación de los presupuestos del Estado, la Provincia y el Municipio de los organismos autónomos que reciban sus ingresos directa o indirectamente a través del Estado, examinando y fiscalizando la contabilidad de todos ellos;

b) Conocer las órdenes de adelanto del Estado para aprobar la situación de fondos con vista del presupuesto, de manera que se cumplan las disposiciones de la Ley de Bases y que se tramiten sin preferencia ni pretericiones;

c) Inspeccionar en general los gastos y desembolsos del Estado, la Provincia y el Municipio tanto para la realización de obras, como para suministro y pago de personal y las subastas hechas con ese fin. A este efecto podrá incoar expedientes para comprobar si los pagos realizados corresponden efectivamente al servicio realizado por las instituciones oficiales bajo su supervisión, debiendo comprobar por medio de los expedientes correspondientes para fijar el costo promedio por unidad de obra y el valor promedio de los suministros que el Estado debe percibir de acuerdo con el mercado. Asimismo podrá tramitar todas las denuncias que se formulen con este motivo y rendir un informe anual al presidente de la República en relación con la forma en que se han realizado los gastos de las instituciones bajo su fiscalización, para que éste lo envíe con sus respectivas observaciones al Congreso;

d) Pedir informes a todos los organismos y dependencias sujetos a su fiscalización y nombrar delegado especial para practicar las correspondientes investigaciones cuando los datos no sean suministrados, o cuando éstos se estimen deficientes.

El Tribunal estará obligado a rendir información detallada al Poder Ejecutivo y al Congreso, cuando sea requerido al efecto, sobre todos los extremos concernientes a su actuación;

e) Rendir anualmente un informe con respecto al estado y administración del Tesoro Público, la moneda nacional, la Deuda Pública y el presupuesto y su liquidación;

f) Recibir declaración bajo juramento a promesa a todo ciudadano designado para desempeñar una función pública, antes de tomar posesión y al cesar en el cargo, acerca de los bienes de fortuna que posea, y realizando al efecto las investigaciones que estime procedente.

La ley regulará la oportunidad y forma de ejercer esta función;

g) Dar cuentas a los Tribunales del tanto de culpa que resulte de la inspección y fiscalización que realice en relación con las facultades que le han sido concedidas por los Incisos anteriores, y dictar las instrucciones oportunas en los casos de infracciones en que no hubiere responsabilidad penal, para el mejor cumplimiento de las leyes de contabilidad por todos los organismos sujetos a su fiscalización;

h) Publicar sus informes para general conocimiento;

i) Cumplir los demás deberes que le señale la ley y los Reglamentos.

Sección IV. De la economía nacional

Artículo 271. El Estado orientará la economía nacional en beneficio del pueblo para asegurar a cada individuo una existencia decorosa. Será función del Estado fomentar la agricultura e industria pública y beneficio colectivo.

Artículo 272. El dominio y posesión de bienes inmuebles y la explotación de empresas o negocios agrícolas, industriales, comerciales, bancarios y de cualquier otra índole por extranjeros radicados en Cuba o que radiquen fuera de ella, están sujetos de un modo obligatorio a las mismas condiciones que establezca la ley para los nacionales, las cuales deberán responder, en todo caso, al interés económico social de la Nación.

Artículo 273. El incremento del valor de las tierras y de la propiedad inmueble, que se produzcan sin esfuerzo del trabajo o del capital privado y únicamente por causa de la acción del Estado, la Provincia o el Municipio, cederá en beneficio de éstos la parte proporcional que determine la ley.

Artículo 274. Serán nulas la estipulación de los contratos de arrendamiento, colonato o aparcería de fincas rústicas que impongan la renuncia de derechos reconocidos en la Constitución o en la ley, y también cualesquiera otros pactos que ésta o los Tribunales declaren abusivos.

Al regular dichos contratos se establecerán las normas adecuadas para tutelar las rentas, que serán flexibles, con máximo y mínimo según el destino, productividad, ubicación y demás circunstancias del bien arrendado; para fijar el mínimo de duración de los propios contratos según dichos elementos, y para garantizar al arrendatario, colono o aparcero, una compensación razonable por el valor de las mejoras y bienhechurías que entreguen en buen estado y que hayan realizado a sus expensas con el consentimiento expreso o tácito del dueño, o por haberlas requerido la explotación del inmueble dado su destino.

El arrendatario no tendrá derecho a dicha compensación si el contrato termina anticipadamente por su culpa, ni tampoco cuando rehúse la prórroga que se le ofrezca bajo las mismas condiciones vigentes al ocurrir el vencimiento del contrato.

También regulará la ley los contratos de refacción agrícola y de molienda de caña, así como la entrega de otros frutos por quien los produzca, otorgando al agricultor la debida protección.

Artículo 275. La ley regulará la siembra y molienda de caña por administración, reduciéndolas al límite mínimo impuesto por la necesidad económico social de mantener la industria azucarera sobre la base de la división de los dos grandes factores que concurren a su desarrollo: industriales o productores de azúcar y agricultores o colonos, productores de caña.

Artículo 276. Serán nulas y carecerán de efecto las leyes y disposiciones creadoras de monopolios privados, o que regulan el comercio, la industria y la agricultura en forma tal que produzcan ese resultado. La ley cuidará especialmente de que no sean monopolizadas en interés particular las actividades comerciales en los centros de trabajos agrícolas e industriales.

Artículo 277. Los servicios públicos, nacionales o locales, se considerarán de interés social. Por consiguiente, tanto el Estado como la Provincia y el Municipio, en sus casos respectivos, tendrán el derecho de supervisarlos, dictando al efecto las medidas necesarias.

Artículo 278. No se grabará con impuestos de consumos la materia prima nacional que, sea o no producto del agro, se destine a la manufactura o exportación.

Tampoco se establecerá impuesto de consumo sobre los productos de la industria nacional, si no pueden grabarse de igual forma los mismos productos, sus similares o sustitutos importados del extranjero.

Artículo 279. El Estado mantendrá la independencia de las instituciones privadas de previsión y cooperación social que se sostienen normalmente sin el auxilio de los fondos públicos, y contribuirá al desenvolvimiento de la misma mediante la legislación adecuada.

Artículo 280. La moneda de la Banca estará sometida a la regulación y fiscalización del Estado.

El Estado organizará, por medio de entidades autónomas, un sistema bancario para el mejor desarrollo de su economía y fundará el Banco Nacional de Cuba, que lo será de Emisión y Redescuento. Al establecer dicho Banco, el Estado podrá exigir que su capital sea suscrito por los Bancos existentes en el territorio nacional. Los que cumplan estos requisitos estarán representados en el Consejo de Dirección.

Título XVIII. Del estado de emergencia

Artículo 281. El Congreso, mediante Ley Extraordinaria, podrá, a solicitud del Consejo de Ministros, declarar el estado de emergencia nacional y autorizar al propio Consejo de Ministros para ejercer facultades excepcionales en cualquier caso en que se hallen en peligro o sean atacados la seguridad exterior o el orden interior del Estado con motivo de guerra, catástrofe, epidemia, grave trastorno económico u otra causa de análoga índole.

En cada caso la Ley Extraordinaria determinará la materia concreta a que habrán de aplicarse las facultades excepcionales, así como el periodo durante el cual regirá, el que no excederá nunca de cuarenta y cinco días.

Artículo 282. Durante el estado de emergencia nacional podrá el Consejo de Ministros ejercitar las funciones que el Congreso expresamente delegue en él. Asimismo podrá variar los procedimientos criminales.

En todo caso, las disposiciones legislativas adoptadas por el Consejo de Ministros deberán ser ratificadas por el Congreso para que sigan surtiendo efecto después de extinguido el estado de emergencia nacional. Las actuaciones judiciales que modifiquen el régimen normal podrán ser revisadas, al cesar el estado de emergencia, a instancia de parte interesada. En este caso se abrirá el juicio de nuevo si ya se hubiera dictado sentencia condenatoria, la que se considerará como mero auto de procesamiento del encausado.

Artículo 283. La ley en que se declare el estado de emergencia nacional contendrá necesariamente la convocatoria a sesión extraordinaria del Congreso para el día en que venza el periodo de emergencia. Mientras esto ocurra, una Comisión permanente del Congreso deberá estar reunida para vigilar el uso de las facultades excepcionales concedidas al Consejo de Ministros y podrá convocar al Congreso, aun antes de vencer dicho término, para dar por extinguido el estado de emergencia.

La Comisión permanente será elegida de su seno y estará compuesta de veinticuatro miembros, que procedan por partes iguales de ambos Cuerpos Colegisladores, debiendo en su composición hallarse representados asimismo todos los partidos políticos. La Comisión estará presidida por el presidente del Congreso y funcionará cuando éste estuviere en receso y durante el estado de emergencia nacional.

La Comisión Permanente tendrá competencia:

a) Para vigilar el uso de las atribuciones excepcionales que se le otorgan al Consejo de Ministros en los casos de emergencia;

b) Sobre la inviolabilidad de los senadores y representantes;

c) Sobre los demás asuntos que le atribuya la Ley de Relaciones entre los Cuerpos Colegisladores.

Artículo 284. El Consejo de Ministros deberá rendir cuentas del uso de las facultades excepcionales ante la Comisión permanente del Congreso, en cualquier momento que ésta así lo acuerde, y ante el Congreso al expirar el estado de emergencia nacional.

Una Ley Extraordinaria regulará el estado de emergencia nacional.

Título XIX. De la reforma de la Constitución

Artículo 285. La Constitución solo podrá reformarse:

a) Por iniciativa del pueblo, mediante presentación al Congreso de la correspondiente proposición, suscrita, ante los organismos electorales, por no menos de cien mil electores que sepan leer y escribir y de acuerdo con lo que la ley establezca. Hecho lo anterior, el Congreso se reunirá en un solo cuerpo, y dentro de los treinta días subsiguientes votará sin discusión la ley procedente para convocar a elecciones de delegados o a un referendo;

b) Por iniciativa del Congreso, mediante la proposición correspondiente, suscrita por no menos de la cuarta parte de los miembros del Cuerpo Colegislador a que pertenezcan los proponentes.

Artículo 286. La reforma de la Constitución será específica, parcial o integral.

En el caso de reforma específica o parcial, propuesta por iniciativa popular, se someterá a un referendo en la primera elección que se celebre, siempre que el precepto nuevo que se trate de incorporar, o el ya existente que se pretenda revisar, sea susceptible de proponerse de modo que el pueblo pueda aprobarlo o rechazarlo, contestando «sí» o «no».

En el caso de renovación específica o parcial por iniciativa del Congreso, será necesaria su aprobación con el voto favorable de las dos terceras partes del número total de miembros de ambos Cuerpos Colegisladores reunidos conjuntamente, y dicha reforma no regirá si no es ratificada en igual forma dentro de las dos legislaturas ordinarias siguientes.

En el caso de que la reforma sea integral o se contraiga
a la Soberanía nacional o a los **Artículos** veintidós, veintitrés, veinticuatro y ochenta y siete de esta Constitución, o
a la forma de Gobierno, después de cumplirse los requisitos
anteriormente señalados, según que la iniciativa proceda del
pueblo o del Congreso, se convocará a elecciones para delegados a una Asamblea plebiscitaria, que tendrá lugar seis
meses después de acordada, la que se limitará exclusivamente
a aprobar o rechazar las reformas propuestas.

Esta Asamblea cumplirá sus deberes con entera independencia del Congreso, dentro de los treinta días subsiguientes
a su Constitución definitiva. Los delegados a dicha Convención serán elegidos por Provincias, en la proporción de uno
por cada cincuenta mil habitantes o fracción mayor de veinticinco mil, y en la forma que establezca la ley, sin que ningún
congresista pueda ser electo para el cargo de delegado.

En el caso de que se trate de realizar alguna reelección
prohibida constitucionalmente o la continuación en su cargo de algún funcionario por más tiempo de aquel para que
fue elegido, la proposición de reforma habrá de ser aprobada
por las tres cuartas partes del número total del Congreso,
reunido en un solo Cuerpo y ratificando en un referendo por
voto favorable de las dos terceras partes del número total de
electores de cada Provincia.

Disposiciones transitorias

Sección. Al Título II
Primera. Los extranjeros comprendidos en los Incisos uno,
dos, cuatro y cinco del **Artículo** sexto de la Constitución de

1901 conservará los derechos allí reconocidos, siempre que cumplan los requisitos correspondientes.

Segunda. El Registro de Españoles, abierto en la Secretaría del uno y en las posteriores, quedará definitivamente cerrado al 11 de abril de 1950 y será remitido al Archivo Nacional.

Las certificaciones del Registro de Españoles dadas hasta esa fecha de clausura serán válidas en cualquier tiempo. Después del 11 de abril de 1950 se generalizará para todos los extranjeros el procedimiento establecido en esta Constitución.

Sección. Al Título III

Única. Dentro de las tres legislaturas siguientes a la promulgación de esta Constitución, la ley deberá establecer las sanciones correspondientes a las violaciones del **Artículo** veinte de esta Constitución.

Mientras no esté vigente esa legislación todo acto que viole el derecho consagrado en ese **Artículo** y en sus concordantes se considerará previsto y penado en el **Artículo** doscientos dieciocho del Código de Defensa Social.

Sección. Al Título IV

Primera. Cuando se trate de leyes que surtan efectos sobre obligaciones de carácter civil los **Artículos** veintidós y veintitrés solo se observarán respecto de las que se promulguen de regir esta Constitución.

Segunda. Respecto de las obligaciones civiles que fueron objeto de los Decretos 412, 423, 459 de 1934, modificados por la Ley de 3 de septiembre de 1937, cualquiera que sea actualmente su estado legal o contractual disfruten o no de la moratoria, y también respecto de las posteriores al 14 de agosto de 1934 y anterior al 4 de septiembre de 1937, pero tan solo cuando estas últimas se refieran al pago de cantidades procedentes o derivadas del precio aplazado de colonias de cañas, ingenios de fabricar azúcar, o acciones representativas del dominio de bienes de una u otra clase, o así se deduzca del conjunto de los contratos, pactos o acuerdos entre acreedor y deudor, sean cuales fueren la naturaleza y forma de las garantías, el cumplimiento de dichas obligaciones se regirá por las siguientes Reglas:

Primera. Los capitales que no excedan de 1.000 pesos deberán quedar amortizados en 30 de junio de 1960.

Los capitales comprendidos entre 1.000 y 50.000 pesos deberán quedar amortizados en 30 de junio de 1965, y en igual día de 1960 si es mayor de 50.000 pesos. De estar la obligación presentada por bonos, cédulas, obligaciones o pagarés se considerará capital a todos los efectos de esta transitoria el importe total de los valores nominales representados por los que estaban en circulación en 14 de agosto de 1934 o el 3 de septiembre de 1937, según la obligación de que se trate, y se les amputarán los pagos de amortización por el orden de los respectivos vencimientos anuales, según el contrato ordinario o a prorrata si tuvieren el mismo vencimiento. Las amortizaciones serán exigibles por anualidades, a pagar la primera en 30 de junio de 1942, pero de no haber decursado en esa fecha el plazo convenido por las partes, dicha primera anualidad será pagadera el día treinta de junio que siga al vencimiento del aludido plazo. En todos los casos el capital adeudado deberá distribuirse entre las correspondientes anualidades de amortización, en forma progresiva, a fin de que conjuntamente con los intereses integre pagos anuales aproximadamente igual al combinarse los exigibles por ambos conceptos, y de manera que el acreedor quede totalmente satisfecho al vencer el plazo determinado por la cuantía de la deuda según antes se establece.

Los capitales correspondientes a censos quedan exceptuados de las disposiciones de esta Regla;

Segunda. Serán inexigibles todos los intereses atrasados que se adeuden al entrar en vigor esta transitoria, así como las sumas debidas por comisiones, costas, multas u otras penalidades y sus similares, aunque aquéllos o éstas aparezcan capitalizados; pero a partir de su vigencia, las obligaciones de que se trata devengarán intereses según la cuantía del capital, pagaderos como determinan los Decretos-leyes 412 y 594 y conformen al tipo que resulte para cada una de las aplicaciones de la siguiente escala: Cuando el capital debido no exceda de 15.000 pesos, la obligación devengará intereses al 3 % anual; si excede de 15.000 pesos, pero no de 50.000 pesos, la obligación de que se trate los devengará al 2,5 % anual; cuando exceda de 50.000 pesos, sin rebasar de 200.000 pesos, los devengará al 2 %; de ser superior a 200.000 pesos y no exceder de 400.000 pesos, al uno y tres cuartos %; de pasar de 400.000 pesos, pero no de 600.000 pesos, al 1,5 %; cuando sea superior a 600.000 pesos; sin exceder a 800.000 pesos, al 1,25 %; y finalmente, cuando el capital exceda de 800.000 pesos, la obligación de que se trate devengará intereses al 1 % anual.

Lo dispuesto en la presente Regla se aplicará a las obligaciones de que trate el Párrafo inicial de esta transitoria, devenguen o no, intereses, sean éstos convenidos o legales y cualquiera que sea, en su caso, el tipo pactado.

En este préstamo acumulativo se considerará capital la cantidad que efectivamente hubiere recibido el deudor al otorgarse el título de la obligación y se la considerará reducido en la cuantía de los pagos hechos una vez que de los mismos se deduzcan el importe de los intereses acumulados en cada uno.

Este capital así reducido será amortizado en los plazos que se señala la Regla primera, o de una vez, en cualquier momento, a voluntad del deudor.

Todos los intereses que figuren acumulados en los préstamos hipotecarios serán desglosados, y nulos e inexigibles, para que así el interés solo recaiga y sea exigible sobre la parte del principal no pagado.

Esta Disposición será aplicable también a los capitales de censos y demás cargas perpetuas señalados en los Decretos de Moratoria 412, 423 y 594 de 1934, modificados por la Ley de 3 de septiembre de 1937;

Tercera. Las obligaciones a que se refiere el Párrafo inicial de esta transitoria, en cuanto afecten a personas naturales o jurídicas dueñas de ingenios de fabricar azúcar como deudoras o fiadoras, estarán sujetas también a lo establecido en las Reglas primeras y segunda, siempre que tales obligaciones respondan a adeudos específicamente contraídos con garantía directa o indirecta de ingenio para fabricación de azúcar o con colonias de caña o procedan de suministros, refacción, rentas o servicios debidos por dichos ingenios; pero el monto de los pagos anuales que se les podrá exigir imputables, primero a los intereses y después a la amortización de los capitales, estarán limitados según las bases siguientes:

a) Cuando la libra de azúcar centrifuga de guarapo en almacén del punto se cotice a menos de 1,40 centavos por libra cubana como promedio durante la Zafra por cuenta de la anualidad a vencer en treinta de junio siguiente, no se les podrá exigir ningún pago, y las sumas que correspondan a amortización e intereses por dicha anualidad se cubrirán con los pagos que en lo adelante resulte exigible;

b) Si el precio promedio del azúcar rebasa el indicado límite deberán destinar a tales pagos, sean los correspondientes a la anualidad en curso o los que hayan quedado insolutos conforme a la base anterior, el 3 % del valor bruto de los azúcares crudos que hayan elaborado dentro de la Zafra en que ello ocurra, mientras aquél no exceda de 1,50 centavos por libra, pues de 1,50 centavos a 2 centavos se aumentará en cuatro centésimas de 1 % por cada centésima de centavo que aumente el precio promedio de la libra de azúcar;

c) Las cantidades aplicables a intereses, o en su caso a capitales, se prorratearán entre los distintos acreedores, si fuere necesario, de acuerdo con las cantidades que respectivamente tengan derecho a percibir según la presente transitoria;

d) Cuando en cualquier Zafra el precio promedio oficial llegue a dos centavos por libra o más se aplicará el 5 % del valor del azúcar producida en esa Zafra correspondiente al ingenio, o sea con exclusión de los necesarios para pagar el precio de la caña molidas, como una amortización extraordinaria para el año de que se trate, y un 10 % adicional en lugar del 5 % cuando el precio exceda de 2,50 centavos, sin que tales amortizaciones extraordinarias eliminen la obligación de las amortizaciones exigibles que debe efectuar el deudor;

e) Al vencer el plazo determinado por la Regla primera el acreedor tendrá derecho a reclamar todo lo que se le adeude por capital e intereses exigibles según esta transitoria;

Cuarta. Respecto a las obligaciones procedentes o derivadas del precio aplazado de solares comprados a plazos antes del 15 de agosto de 1934, cualquiera que sea el capital debido, la amortización se efectuará en treinta años, como excepción a lo dispuesto sobre esos extremos en las Reglas primera y segunda, que en lo demás les serán aplicables, y en ningún caso se pagará interés. Esta Regla solo se aplicará a solares cuyo precio aplazado no pase de 3.000 pesos.

En el caso de ejecución de un solar vendido a plazos por falta de pago del precio, se tasará dentro del procedimiento judicial el valor de las edificaciones contraídas en él por el comprador o sus causahabientes, deduciéndose de la suma fijada el valor que racionalmente corresponda al uso y disfrute de dichas edificaciones. La cantidad neta que resulte de la tasación así practicada se abonará al deudor por el rematador o el acreedor, según sea el caso, en concepto de indemnización, antes de que se le transmita el dominio de los bienes.

La excepción a que se refiere el Párrafo segundo de esta Regla no regirá en cuanto a las obligaciones a que la misma se refiere, siempre que el solar así adquirido esté enclavado en centros de población no menor de veinte mil habitantes;

Quinta. Como complemento de lo que establecen las cuatro Reglas anteriores se aplicará las disposiciones de los Decretos-leyes 412 y 594, según quedaron por la Ley de Coordinación Azucarera de 3 de septiembre de 1937, pero sin alterar lo establecido en dichas Reglas y sin perjuicio de lo dispuesto en la Ley de 10 de julio de 1939;

Sexta. Con relación a las obligaciones moratorias por el Decreto-ley 423 de 1934, según quedó modificado por el de tres de septiembre de 1937, y también en cuanto a las deudas por precio aplazado de colonia de caña, posteriores al 14 de agosto de 1934 y anteriores a 4 de septiembre de 1937, se observará lo dispuesto por dichos textos legales en lugar de aplicar las precedentes reglas; pero la moratoria que los mismos establecen se entenderá prorrogada hasta el 30 de junio de 1960, en lo propio a términos que actualmente rigen. Igual tratamiento se aplicará a las hipotecas de fincas rústicas dedicadas al cultivo de la caña de azúcar comprendidas en el Párrafo inicial de esta Disposición transitoria, en cuanto el tres de septiembre de 1937 resultase acreedora por razón de las mismas, la persona natural o jurídica dueña, arrendataria o usufructuaría del ingenio de fabricar azúcar, al cual estén vinculadas la colonia o colonias fomentadas en la finca de que se trate, pero se observará además respecto de tales créditos hipotecarios lo dispuesto en la precedente Regla segunda;

Séptima. Cuando se trate de créditos pignoraticios comprendidos en esta transitoria y el acreedor prendario hubiese reservado para sí o limitado al dueño de las acciones de derecho a votar por la pignoradas, se observará estas normas:

a) El acreedor no podrá votar por dichas acciones en forma que produzca, directa o indirectamente, en perjuicio de la compañía o del duelo de las acciones, la pérdida o disminución de cualquiera de los beneficios que esta transitoria les concede, ni compeler a los dueños de las mismas a votar de manera que se produzcan esos resultados;

b) El accionista podrá votar en la forma dispuesta por los estatutos de la compañía para celebrar contratos de venta, arrendamiento o cualquiera otras operaciones relativas a los bienes de la misma, así como para tomar dinero a préstamo con garantía real de los propios bienes, siempre que queden asegurados los derechos del acreedor prendario, según quedan regulados en esta transitoria, y a ese fin no será necesario que el dueño de las acciones pignoradas exhiba materialmente las acciones en la junta o juntas donde se adopten esos acuerdos, siempre que acredite su carácter de tal y la cantidad de acciones poseídas con los libros de la compañía o mediante los documentos que presente;

Octava. Lo dispuesto en las Reglas anteriores no se aplicará respecto a aquellas obligaciones que a virtud de procedimiento judicial o extrajudicial, encaminando a hacerlas efectivas o exigir su cumplimiento, hayan producido con anterioridad a la fecha de la promulgación de esta transitoria la adjudicación de la totalidad de los bienes gravados a favor del acreedor o de un tercero, salvo en el caso de que por sentencia firme de los tribunales ordinarios se hayan declarado o se dejare la nulidad de la adjudicación. De haber producido tan solo la adjudicación de parte de los bienes, se observará esta Regla con relación a los adjudicados, y las demás, respecto a la parte de la obligación legalmente exigibles todavía, la cual se considerará dividida, a los efectos de esta transitoria, en bienes individualmente gravados.

Cuando se trate de créditos hipotecarios sobre fincas urbanas comprendidos en el Título tercero del Decreto-ley número 412, de 14 de agosto de 1934, y entre acreedor y deudor hayan medido convenios posteriores, a la promulgación del mismo, tales obligaciones quedarán excluidas de esta transitoria, siempre que exista constancia por escrito y el deudor continúe disfrutando íntegramente de los beneficios que se le otorgaron mediante dichos convenios.

Se aplicará a los pagos que proceda hacerse con arreglo a esta disposición cualquier cantidad que se hubiere pagado en exceso de la que correspondiera abonarse de acuerdo con los Decretos-leyes 412 y 594, de 1934, siempre que el deudor no hubiese recibido ningún beneficio en compensación a dicho pago en exceso;

Novena. Las obligaciones aseguradas con prenda con anterioridad podrán hacerse efectivas sobre los bienes específicamente gravados en el contrato, extinguiéndose, en su consecuencia la acción personal contra los deudores o sus fiadores;

Décima. No obstante lo dispuesto en el Párrafo inicial de esta Disposición transitoria respecto de las deudas contraídas por el concepto de precio aplazado de ingenio o colonias de caña comprados entre el 15 de agosto de 1934 y el 3 de septiembre de 1937, el plazo para la amortización se rebajará en una cuarta parte, sin que la rebaja pueda exceder de cinco años; pero en todo lo demás se aplicará también a dicha deuda las anteriores Reglas;

Décima primera. En los casos en que cualquier acreedor se hiciere cargo de un ingenio de fabricar azúcar para hacerse pago de cualquier crédito de los comprendidos en esta moratoria, o de cualquiera otra deuda, será requisito indispensable para ello que previamente se obligue a continuar operándolo en cada Zafra azucarera, de haber realizado el mismo las dos anteriores a la fecha del remate. El Poder Ejecutivo adoptará las medidas procedentes para asegurar el cumplimiento de esa obligación;

Duodécima. Se aplicará también lo dispuesto en esta disposición transitoria a las obligaciones contraídas antes del 14 de agosto de 1934 como deudora por personas naturales o jurídicas que a la promulgación de la misma resulten a su vez acreedoras por razón de créditos sometiendo a las anteriores Reglas, siempre que las comprendan el Título IV del Decreto-ley número 412, de 1934 o garanticen el cumplimiento de tales obligaciones gravando a la seguridad de los mismos créditos hipotecarios de los sujetos a la liquidación según dichas reglas, por lo menos con un monto igual a la suma necesaria para que la garantía así prestada cubra cuanto les sea exigible por capital e intereses, de acuerdo con esta propia disposición transitoria y en virtud de la presente regla.

Quedan excluidos de los beneficios de esta moratoria:

a) Las obligaciones exceptuadas en el **Artículo** cincuenta y nueve del Decreto-ley número 412, del 14 de agosto de 1934;

b) Las hipotecas constituidas para garantizar depósitos afianzados administrativos o judiciales, albaceazgos y usufructos;

c) Las obligaciones del Estado, la Provincia y el Municipio como deudores;

d) Las contraídas por los aseguradores o los patronos en virtud de pensiones o indemnizaciones provenientes de la Ley Accidentes del Trabajo;

e) Las obligaciones contraídas por las empresas de servicios públicos que tengan por funciones de su instituto suministros de energía eléctrica, gas, agua o servicios telefónicos, aunque como organización subsidiaría anexas o dependientes de ellas tengan derechos dominicos sobre ingenios de fabricar azúcar o colonias de cañas.

Lo dispuesto en el Inciso (c) de esta Regla, respecto a compañías de servicios públicos no será de aplicación a las empresas que tengan un capital inferior a 100.000 pesos y no sean a su vez dependientes, anexas o subsidiarias de otras empresas.

Esta Disposición transitoria de la Constitución, mientras esté en observancia la Ley Constitucional de 11 de junio de 1935, formará también parte de la misma; su aplicación no estará sujeta a las restricciones o limitaciones establecidas o que se establezcan respecto a la retroactividad de las leyes y a su eficacia para anular o modificar las obligaciones civiles nacidas de los contratos, actos u omisiones que las produzcan; regirá desde su promulgación, lo que se hará dándosele lectura por el señor presidente de la Convención Constitu-

yente, y a los efectos de su publicación se remitirá certificación de ella a la Gaceta Oficial de la República.

Sección. Al Título V

Sección II

Primera. Todos los bienes muebles e inmuebles que le fueron asignados a la Universidad de La Habana cuando le fue
concedida la autonomía por el Decreto número dos mil cincuenta y nueve, de 6 de octubre de 1933, publicado en la
Gaceta Oficial del día 9 siguiente, así como los demás bienes
y derechos que por legado, donación, herencia o por cualquier otro título de adquisición le correspondan, formarán
su patrimonio como persona jurídica y se inscribirán en los
correspondientes Registros, libres de todo pago por concepto
de derechos.

Mientras el patrimonio universitario no rinda recursos
anuales para la dotación suficiente de la Universidad de La
Habana, la cantidad conque el Estado contribuirá al sostenimiento de la misma, de acuerdo con el **Artículo** cincuenta
y tres de esta Constitución, será el 2,25 % de la suma total
de gastos incluidos en dicho presupuesto, con excepción de
las cantidades destinadas al pago de la Deuda Exterior. Esta
cantidad será distribuida proporcionalmente entre las distintas Facultades de la Universidad, tomando como base el número de alumnos que aspiran a los títulos que otorguen cada
Facultad y las necesidades de sus respectivas enseñanzas.

Segunda. El Estado deberá construir, dentro de los tres
años siguientes a la promulgación de esta Constitución, un
Hospital Nacional con capacidad para mil enfermos. A la

expiración de dicho término entrará en pleno vigor el primer Párrafo de la primera Disposición transitoria de este Título de la Constitución. Durante esos tres años los directores de los Hospitales comprendidos en el **Artículo** VII del Decreto número dos mil cincuenta y nueve, de 6 de octubre de 1933, publicado en la Gaceta Oficial del día nueve siguiente, serán nombrados por el presidente de la República y se escogerán de una tema que elevará el Consejo Universitario, a propuesta del Claustro de la Escuela de Medicina.

Cuando esos hospitales pasen íntegramente a la Universidad de La Habana, al igual que durante los tres años mencionados en el Párrafo anterior, su consignación presupuestada no podrá ser inferior a la que rige en la actualidad y quedará fijada en el presupuesto del Ministerio de Salubridad y Asistencia Social.

Tercera. El Congreso, en un término no mayor de tres legislaturas, procederá a votar la Ley de la Reforma General de la Enseñanza.

Los beneficiarios de cátedras oficiales actualmente ocupadas sin que se haya acreditado la capacidad docente conforme a la ley en vigor, deberán hacerlo dentro de tres años, salvo lo que disponga la ley a que se centra el Párrafo anterior de esta Disposición transitoria. Mientras tanto, no podrá promoverse ninguna cátedra de enseñanza oficial sin los debidos títulos y certificados de capacidad específica.

Sección. Al Título VI

Sección I

Primera. La participación preponderante del cubano por nacimiento en el trabajo, establecida por la Constitución, no podrá ser inferior a la garantizada por la Ley de 8 de noviembre de 1933.

Segunda. Los derechos adquiridos por los trabajadores cubanos por nacimiento con anterioridad a la promulgación de esta Constitución, al amparo de las Leyes de Nacionalización del Trabajo, promulgada con fecha 8 de noviembre de 1933, son irrevocables.

Tercera. El Gobierno de la República procederá a reglamentar, en un plazo no menor de un año, la forma de expulsión de todos los extranjeros que hubiesen entrado en el territorio nacional con infracción de las leyes actuales de inmigración y de trabajo.

Cuarta. A los efectos del cumplimiento del **Artículo** ochenta de esta Constitución, se convierte la beneficencia pública existente al promulgarse esta Constitución en el servicio social previsto en dicho **Artículo**.

Quinta. A los efectos del **Artículo** setenta y cinco de esta Constitución, en cada término de la República se fundará por el Gobierno Municipal una cooperativa de reparto de tierras y casas denominadas «José Martí», con el fin de adquirir tierras laborales y construir casas baratas para campesinos, obreros y empleados pobres que carezcan de ellas en propiedad.

Esta cooperativa estará bajo la fiscalización del Gobierno de la República y será regida y administrada por sus cooperadores con representación del Municipio, la Provincia y el Estado y bajo la presidencia del representante de este último, pero sin que estas representaciones puedan por sí solas decidir ninguna votación.

Los fondos de esta cooperativa estarán constituidos principalmente por la cantidad conque contribuyan el Estado, la Provincia, el Municipio y las pequeñas cuotas de los cooperadores fijadas por la ley; por el reembolso del capital invertido en aperos de labranza, semillas, casas y lotes adjudicados; por los demás aportes que la cooperativa acuerde y por las donaciones que se le hagan.

Podrán ser cooperadores los campesinos, obreros y empleados cubanos que llenen los requisitos de la ley.

Las tierras laborables adquiridas serán cedidas por medio de sorteos a los cooperadores campesinos, en lotes no mayor de tres caballerías en las provincias de Las Villas, Camagüey y Oriente; de dos en las de Pinar del Río y Matanzas, y de una en La Habana.

La cesión se hará mediante el pago del importe de las semillas, aperos de labranza y lotes a su precio de costo, sin interés, en un plazo no mayor de veinticinco años, cesando de abonar su cuota cooperativa tan pronto cancele su deuda y adquiera su título de propiedad. Las casas serán cedidas a los obreros y empleados de las ciudades en igual forma y condiciones que los lotes a los campesinos.

El término de funcionamiento de esta cooperativa será de veinticinco años, pero si la práctica demostrare que conviene a los intereses de la Nación, el Congreso podrá modificar su estructura, suprimirlas parcial o totalmente o prorrogar el término; y en el caso de cese definitivo de la cooperativa, sus pertenencias serán reintegradas proporcionalmente a los organismos que las proporcionaron.

El Congreso, a la mayor brevedad, votaría la ley complementaria que regula la fundación y funcionamiento de esta cooperativa.

Primera. El Congreso, en el término de tres legislaturas a partir de la promulgación de esta Constitución, procederá a acordar las leyes y disposiciones necesarias para la formación del Catastro Nacional, a la medición exacta del territorio nacional y a la realización de los estudios topográficos complementarios.

Segunda. El Estado repartirá las tierras de su propiedad que no necesite para sus propios fines, en forma equitativa y proporcional, atendiendo a la condición de padre o cabeza de familia y dando preferencia a quien la venga laborando directamente por cualquier título.

En ningún caso el Estado podrá dar a una sola familia tierras que tengan un valor superior a 2.000 pesos o una extensión mayor de dos caballerías.

Tercera. Quedan en suspenso durante dos años, a partir de la publicación de esta Constitución, los juicios de desahucios, en cualquier estado en que se encuentre el procedimiento, promovidos contra los poseedores de fincas rústicas en concepto de precaristas, en las cuales vivan no menos de veinticinco familias.

Igualmente se suspenderán por ese término de dos años los juicios de desahucios, en el estado en que se encuentren, interpuestos contra los ocupantes de fincas rústicas que las disfruten por contratos de arrendamientos o aparcería, siempre que la finca no exceda de una extensión superficial de cinco caballerías y la demanda se hubiese interpuesto antes de la promulgación de esta Constitución.

Durante dicho plazo de dos años el Congreso dictará la ley reguladora de los contratos de arrendamiento y aparcería.

Sección. Al Título VII

Sección I

Única. Lo dispuesto en el **Artículo** noventa y siete de esta Constitución regirá a partir de la primera elección general que se celebre después de la promulgación de la misma.

Sección II

Primera. Dentro de las tres legislaturas que sigan inmediatamente a la promulgación de esta Constitución, se aprobarán y pondrán en vigor las leyes necesarias para la implantación de la carrera administrativa, ajustándolas a las normas contenidas en los **Artículos** correspondientes a la **Sección** de Oficios Públicos y en estas disposiciones transitorias, y a las demás que se estimen convenientes, siempre que no modifiquen, restrinjan o adulteren las establecidas en la Constitución.

Segunda. La inamovilidad reconocida por la legislación vigente se respetará hasta tanto el Congreso apruebe y el Gobierno sancione y promulgue la legislación complementaria reguladora de la carrera administrativa. La inamovilidad que garantiza esta Constitución entrará en vigor previo al cumplimiento de los requisitos y condiciones que se establezcan en la ley que dicte el Congreso, los cuales comprenderán a todos los funcionarios, empleados y obreros civiles del Estado, la Provincia y el Municipio, con la sola excepción de aquellos funcionarios, empleados y obreros que acrediten llevar más de veinte años de servicios en la Administración pública.

Tercera. La inamovilidad que garantiza la anterior disposición transitoria comprende también a los funcionarios,

empleados y obreros civiles de las entidades o corporaciones
autónomas.

Cuarta. Se reconoce el derecho que asiste a los miembros
del disuelto Ejército Nacional, de la Marina de Guerra Nacional y de la Policía Nacional que estando en servicio activo
el día 4 de septiembre de 1933 no continuaron en las filas,
al disfrute de una pensión de retiro, que se concederá a ellos
y a los herederos cuyo derecho reconozca la ley en la forma y cuantía que ésta determine y que no podrá ser nunca
inferior en su ascendencia a la actualmente establecida. Se
reconoce también este derecho a los que habiendo estado
disfrutando del retiro lo hubieren perdido, siempre que ello
no fuere por resolución de los Tribunales de Justicia. La ley
regulará esta disposición.

Sección. Al Título IX

Sección II

Única. La vacante que se hubiere producido en la representación senatoria de cualquier Provincia, elegida en las elecciones generales del 10 de enero de 1936, será cubierta, sin
suplente, en la primera elección que se celebre, y corresponderá al partido o partidos colegisladores, en su caso, que
obtuviera la mayoría de votos, de acuerdo con las disposiciones que rijan en dicha elección.

Sección III

Primera. Quedarán comprendidas en la excepción que establece el **Artículo** ciento veintiséis de esta Constitución

167

aquellas personas que, electas para cargos de senador o de representante a la Cámara, hubiesen concurrido a la convocatoria para cubrir una cátedra en establecimiento oficial con anterioridad a la promulgación de esta Constitución y obtuvieren el cargo de catedrático con posterioridad a su elección.

Segunda. El párrafo segundo del **Artículo** ciento treinta comenzará a regir a los seis años de promulgada esta Constitución.

Sección IV

Única. El Congreso de la República queda autorizado para votar, dentro de dos legislaturas, sin los requisitos señalados en el Inciso (k) del **Artículo** ciento treinta y cuatro de esta Constitución, una ley de amnistía que comprenda los delitos electorales cometidos con motivo de las elecciones efectuadas el 15 de noviembre de 1939.

Queda asimismo autorizado el Congreso para votar, dentro del mismo término y con igual carácter de excepción, una ley de amnistía que comprenda los delitos de carácter doloso cometidos antes de reunirse la Convención Constituyente de 1940, por funcionarios y empleados públicos con ocasión del ejercicio de sus cargos y siempre que no fuesen reincidentes.

El Congreso de la República votará en su primera legislatura, después de aprobada esta Constitución, una ley de amnistía que redima totalmente a los veteranos de la Independencia mayores de sesenta años y a sus co-reos que están cumpliendo condena en los penales de la República.

Sección II

Única. En tanto se cree la Sala de Garantías Constitucionales y Sociales a que se refiere el **Artículo** ciento setenta y dos de esta Constitución y se nombren sus magistrados, continuará conociendo de los recursos de inconstitucionalidad, según se regulan en la Ley Constitucional de 11 de junio de 1935, el pleno del Tribunal Supremo de Justicia.

Sección IV

Única. Al año de entrar en vigor esta Constitución se hará la primera renovación del Tribunal Supremo Electoral.

Sección V

Primera. Quedan ratificados y comprendidos en la inamovilidad a que se refieren los **Artículos** correspondientes, los funcionarios judiciales y los del Ministerio Fiscal, sus auxiliares, subalternos, abogados de oficio, los de los Tribunales electorales que sean permanentes y que se encontraren en el ejercicio de sus cargos al tiempo de promulgarse esta Constitución.

Segunda. Los jueces municipales suplentes de primera clase quedan incorporados a la novena categoría del escalafón judicial, y los municipales suplentes de segunda clase y primeros suplentes de tercera clase a la décima categoría de dicho escalafón; todos con los mismos derechos y prohibiciones que la ley señala a los respectivos titulares de esas categorías.

Sección. Al Título XV

Sección II

Única. Los actuales alcaldes municipales y los que resulten elegidos en los primeros comicios que se celebren después de promulgada esta Constitución, podrán impugnar los acuerdos de los Ayuntamientos diecisiete de esta Constitución, ante la Audiencia competente por el trámite de los incidentes en el procedimiento civil, hasta tanto el Congreso no acuerde la legislación correspondiente.

Sección III

Primera. Al efecto de lo dispuesto en el **Artículo** doscientos treinta y dos de esta Constitución, los alcaldes, concejales o comisionados que se elijan en 1944, cesarán en 1946.

Segunda. En el presupuesto nacional que entra en vigor el 1 de enero de 1942, se señalará la forma en que hayan de trasladarse al Estado los gastos hoy cubiertos, en todo o en parte, con fondos municipales.

Tercera. No obstante lo dispuesto en el **Artículo** diecinueve de la Ley de 15 de julio de 1925 y su reglamento, sus disposiciones continuarán en vigor mientras no sean derogadas o modificadas por el Congreso; pero quedarán sin valor ni efecto alguno tan pronto como sean satisfechos íntegramente el principal y los intereses de la Deuda Exterior, a cuya paga se destinan los impuestos a que se refiere la mencionada Ley de 15 de julio de 1925 y sus modificaciones.

Sección única

Primera. Para el periodo de gobierno que comenzará el 15 de septiembre de 1940, regirán las disposiciones de la actual Ley Orgánica de las Provincias, con excepción de los preceptos de la referida ley o de cualquier otra que concedan al gobernador o al presidente de la República la facultad de suspender o destituir a los gobernantes locales, o la de suspender acuerdo del Ayuntamiento o resoluciones del alcalde o cualquiera otra autoridad municipal, los cuales no tendrán aplicación, de acuerdo con lo dispuesto en los Apartados a), b) del **Artículo** doscientos diecisiete de esta Constitución, que regirán en toda su integridad durante el referido periodo de gobierno.

El gobernador tendrá la facultad de impugnar los acuerdos o resoluciones de los Ayuntamientos o la comisión a que se refiere la Letra 80 del **Artículo** doscientos diecisiete. Mientras la ley no establezca el procedimiento, la impugnación se hará ante la sala correspondiente de la Audiencia respectiva por los trámites de los incidentes en el procedimiento civil.

También tendrá el gobernador la facultad de inspeccionar la Hacienda Municipal y producir quejas al Tribunal de Cuentas.

Segunda. La cuota proporcional a que se refiere el Inicio (a) del **Artículo** doscientos cuarenta y dos de este Título decimosexto, no será de aplicación en el periodo de gobierno a que se refiere la Disposición transitoria anterior, durante el cual regirá a ese efecto el **Artículo** sesenta y tres de la actual Ley Orgánica de las Provincias, sin perjuicio de lo dispuesto en los Incisos (c) y (e) del **Artículo** doscientos diecisiete de esta Constitución.

Sección. Al Título XVII

Sección III

Primera. El Congreso de la República, en un plazo de tres legislaturas, dictará la Ley Orgánica del Tribunal de Cuentas y la Ley General de la Contabilidad del Estado, la Provincia y el Municipio, así como la de los organismos autónomos sujetos a la fiscalización del Tribunal de Cuentas. Dicha Ley General de Contabilidad fijará las garantías que deberán brindar las personas que intervengan en las recaudaciones de los ingresos y pagos de dicha entidad.

Segunda. No obstante lo dispuesto en el **Artículo** doscientos sesenta y ocho de esta Constitución, al organizarse por primera vez el Tribunal de Cuentas, los contadores públicos podrán ser nombrados, siempre que tengan, por lo menos, cinco años de ejercicio de la profesión.

Tercera. A los efectos del cumplimiento del **Artículo** doscientos cincuenta y nueve de esta Constitución, el Tribunal de Cuentas, una vez constituido, procederá a depurar y liquidar el montante cierto de la deuda flotante, en un plazo no mayor de dos años, y lo remitirá al presidente de la República para que éste, con las observaciones que estime oportunas, lo envíe al Congreso para su aprobación.

Sección IV

Primera. La ley organizadora de la Banca Nacional podrá establecer como condición para que las demás instituciones bancarias puedan operar dentro de la República, que suscriban parte del capital del Banco Nacional, en cuyo caso tendrán además participación en el Consejo de Dirección del mismo.

Mientras no sea promulgada la ley organizadora del Banco Nacional, el Estado protegerá las instituciones bancarias cubanas existentes y estará obligado a otorgarles igual tratamiento que a las extranjeras.

Segunda. Se concederá por el Estado títulos de propiedad industrial, bajo el nombre de Patente de Introducción Industrial, a toda persona natural o jurídica que durante los dos primeros años, a partir del día de promulgada esta Constitución, lo solicite del Ministerio de Comercio, ofreciendo establecer una industria nueva, principal o accesoria, o manufacturar, elaborar o preparar, apropiado para el consumo o exportación, artículos que en ese instante no se produzcan o preparen en el territorio nacional, o cuyo promedio de producción en los últimos cinco años sea menor que el 15 % del consumo nacional en ese tiempo, especificándose el **Artículo** o producto con expresión de la partida del Arancel vigente en que se halle clasificado o comprendido; y siempre que el solicitante se obligue, salvo fuerza mayor, a construir, dentro del plazo de dieciocho meses de otorgada la Patente, una o más fábricas o abrir y ampliar las existentes con capacidad para producir el **Artículo** de que se trate en cantidad bastante en el año siguiente a dicho plazo, para cubrir el 80 % como mínimo de su consumo nacional, y garantice esta obligación con una fianza en metálico equivalente al 3 % de la cantidad declarada en las Aduanas como valor de todas las importaciones de dicho **Artículo** en los doce meses anteriores a la promulgación de esta Constitución, hasta un límite máximo dicha fianza de 50.000 pesos.

Los títulos de Patente de Introducción Industrial no podrán otorgarse más que uno para cada clase de **Artículo** y sus análogos, clasificados o comprendidos dentro de cada una de las partidas del Arancel de Aduanas vigente, determinándose el derecho de prelación por riguroso orden cronológico en la presentación de las solicitudes, en cuyo acto se anotarán en un libro-registro en el Ministerio de Comercio, y se entregará al interesado, a más del correspondiente certificado de inscripción, el duplicado de su solicitud, certificado el ministro al pie de la misma fecha, hora y minuto de la presentación, número de orden, fianza prestada y si existe o no presentada con anterioridad alguna otra solicitud sobre el mismo **Artículo**. En caso negativo justificado que el **Artículo** que se pretende no se fabrica en ese instante en el territorio nacional, o que lo sea en menos de un 15 % del promedio del consumo en los últimos cinco años, y prestada por el solicitante la fianza que corresponda, sin más trámite se otorgará por resolución en firme del ministro de Comercio, dentro de los ocho días de presentada la solicitud, el título de Patente de Introducción Industrial, con validez o vigencia por quince años. Haciéndose su registro correspondiente y su publicación en la Gaceta Oficial de la República, y en el caso en que faltare alguno de los requisitos expresados, el ministro denegará la solicitud, con devolución de la fianza. Contra esta denegatoria podrá recurrirse ante los Tribunales de Justicia competentes, después de agotada la vía administrativa.

A los fabricantes de artículos que estén produciéndose en la actualidad en el territorio de la República en cantidad menor en su total al 15 % de su consumo y no se acojan a los beneficios a que se refiere el Párrafo primero de esta Disposición transitoria se les respetará el derecho a seguir produciendo cada uno como cuota anual de la misma cantidad de dicho **Artículo** que hubiese producido durante el año de 1939, con un aumento o disminución proporcional al aumento o disminución que hubiese en el consumo nacional en relación con dicho año.

Tercera. Otorgada la patente, puesta en práctica y justificada una capacidad de producción de los artículos por ella amparados superior al 80 % del consumo nacional, desde ese instante, durante todo el periodo de vigencia de la patente, ninguna otra persona podrá fabricar, elaborar o preparar para el consumo en el territorio nacional dicho **Artículo** o sus similares, estando sujetos los infractores a las responsabilidades civiles y criminales que establecen las leyes vigentes, y quedando gravados sin excepción los artículos referidos que se importen del extranjero por cualquier tiempo u objeto en dicho periodo, con un derecho o impuesto como recargo y sin variar los actuales equivalentes al 50 % advalorem, que se ingresará siempre en firme por las Aduanas como margen arancelario proteccionista, adoptándose además por el Gobierno cuantas medidas sean necesarias para evitar el dumping y otras prácticas ilegítimas. En la aplicación de los recargos arancelarios establecidos en este Párrafo se respetará el texto de los tratados internacionales actualmente existentes y en tanto estén ellos en vigor.

El propietario de una Patente de Introducción Industrial tendrá derecho durante todo el tiempo en que ella esté en vigor, a importar sin limitaciones ni restricciones las maquinarias y materiales destinados a la instalación de la industria, así como todas las materias primas que se empleen o utilicen para la producción, elaboración o preparación del **Artículo** de que se trate, a no ser ellas de libre admisión, con una rebaja o reducción de un 80 % de los impuestos y derechos arancelarios que le sean aplicables de acuerdo con el Arancel de Aduana que rija en la fecha de otorgada la patente; y durante la vigencia de ésta no se verificará cambio alguno en dichas exenciones o impuestos y derechos, ni en los derechos, impuestos, cargas o contribuciones de carácter interno que sean aplicables en dicha fecha a tales importaciones después de su entrada en el territorio nacional o a las industrias amparadas por la patente; los artículos producidos por éstas estarán exentos de impuestos, derechos, cargas o exacciones internas, o de cualquiera otra clase, del Estado, la Provincia y el Municipio, distintos o mayores que los pagaderos sobre análogos artículos de origen nacional o de otro país extranjero; sin que en ningún caso pueda dictarse disposición alguna en perjuicio de los derechos amparados por la patente, ni ésta alterada, suspendida ni declarada caduca, a no ser por haber transcurrido su término o por incumplimiento, previa sentencia dictada en todo caso por los tribunales de justicia que correspondan.

Cuarta. Los dueños de Patente de Introducción Industrial deberán utilizar en su industria las materias primas producidas en el territorio nacional, con preferencia en igualdad de calidad y precio a las que se produzcan en el extranjero, y las ventas al por mayor para el consumo nacional de artículos fabricados al amparo de esas patentes no podrán hacerse por el productor, en ningún caso, a un precio mayor de un 10 % como máximo sobre el precio que resulte como promedio para el consumo doméstico en la quincena anterior a la venta, en las cotizaciones verificadas en el mercado de Nueva York para artículos de la misma clase, más los gastos corrientes hasta su entrega libre a bordo en el puerto de La Habana.

Quinta. En cuanto no esté especialmente previsto en las precedentes disposiciones transitorias, regirá como supletoria la vigente Ley de Propiedad Industrial a que se contrae el Decreto-ley, número ochocientos cinco, de 4 de abril de 1936.

Transitoria final

El Congreso aprobará los proyectos de Leyes Orgánicas y Complementarias de esta Constitución, dentro del plazo de tres legislaturas, salvo cuando esta Constitución fije otro término.

Disposición final

Esta Constitución quedará en vigor en su totalidad el día 10 de octubre de 1940.

Y en cumplimiento del acuerdo tomado por la Convención Constituyente en sesión celebrada el día 26 de abril de 1940, y como homenaje a la memoria de los ilustres patricios que en este pueblo firmaron la Constitución de la República en armas en abril diez de 1869, firmamos la presente en Guáimaro, Camagüey, a 1 de julio de 1940:

Carlos Márquez Sterling y Guiral, presidente de la Convención Constituyente. Alberto Boada Miguel, secretario. Emilio Núñez Portuondo, secretario. Salvador Acosta Cáceres. Francisco Alomá y Álvarez de la Campa. Rafael Álvarez González. José R. Andreu Martínez. Manuel Benítez González. Antonio Bravo Acosta. Antonio Bravo Correoso. Fernando del Busto Martínez. Juan Cabrera Hernández. Miguel Calvo Tarafa. Ramiro Capablanca Graupera. José Manuel Casanova Diviño. César Casas Rodríguez. Romárico Cordero Gaeces. Ramón Corona García. Felipe Correoso y del Risco. José Manuel Cortina García. Miguel Coyula Llaguno. Pelayo Cuervo Navarro. Eduardo R. Chibás Rivas. Francisco Dellundé Mustelier. Mario E. Dihígo. Arturo D. Rodríguez. Manuel Dorta Duque. Nicolás Duarte Cajides.

Mariano Esteva Lora. José A. Fernández de Castro. Oreste Ferrara Marino. Simeón Ferro Martínez. Manuel Fueyo Suárez. Adriano Galano Sánchez. Salvador García Agüero. Félix García Rodríguez. Quintin George Vemot. Ramón Granda Fernández. Ramón Grau San Martín. Rafael Guas Inclán. Alicia Hernández de la Bara. Alfredo Homedo Suárez. Francisco Ichaso Macías. Felipe Jay Raoulx. Emilio A. Laurent Dubet. Amaranto López Negrón. Jorge Mañach Robato. Juan Marinello Vidaurreta. Antonio Martínez Fraga. Joaquín Martínez Sáenz. Jorge A. Mendigutía Silveira. Manuel Mesa Medina. Joaquín Mesa Quesada. Gustavo Moreno Lastres. Eusebio Mujal Bamiol. Delio Núñez Mesa. Emilio Ochoa Ochoa. Manuel A. Orizondo Caraballé. Manuel Parrado Rodés. Juan B. Pons Jané. Francisco José Prieto Llera. Carlos Prío Socarrás. Santiago Rey Pernas. Mario Robau Cartaya. Blas Roca Calderío. Primitivo Rodríguez Rodríguez. Esperanza Sánchez Mastrapa. Alberto Silva Quiñones. César Vilar Aguilar. Fernando del Villar de los Ríos. María Esther Villoch Leyva.

Doctores Alberto Boada Miguel y Emilio Núñez Portuondo, secretario de la Convención Constituyente de la República de Cuba.

Certificamos: Que la Constitución de la República de Cuba, firmada en el histórico pueblo de Guáimaro, provincia de Camagüey, el día 1 de julio de 1940, quedó promulgada por el presidente de la Convención Constituyente, en la escalinata del Capitolio Nacional, en La Habana, el día 5 de julio de 1940.

Y para su remisión a la Gaceta Oficial de la República, se expide el presente en La Habana, Capitolio Nacional, a los 5 días de julio de 1940. Doctor Alberto Boada Miguel, doctor Emilio Núñez Portuondo. Visto bueno doctor Carlos Manuel Sterling y Guiral, presidente de la Convención Constituyente.

Libros a la carta

A la carta es un servicio especializado para
empresas,
librerías,
bibliotecas,
editoriales
y centros de enseñanza;
y permite confeccionar libros que, por su formato y concepción, sirven a los propósitos más específicos de estas instituciones.

Las empresas nos encargan ediciones personalizadas para marketing editorial o para regalos institucionales. Y los interesados solicitan, a título personal, ediciones antiguas, o no disponibles en el mercado; y las acompañan con notas y comentarios críticos.

Las ediciones tienen como apoyo un libro de estilo con todo tipo de referencias sobre los criterios de tratamiento tipográfico aplicados a nuestros libros que puede ser consultado en Linkgua-ediciones.com.

Linkgua edita por encargo diferentes versiones de una misma obra con distintos tratamientos ortotipográficos (actualizaciones de carácter divulgativo de un clásico, o versiones estrictamente fieles a la edición original de referencia).

Este servicio de ediciones a la carta le permitirá, si usted se dedica a la enseñanza, tener una forma de hacer pública su interpretación de un texto y, sobre una versión digitalizada «base», usted podrá introducir interpretaciones del texto fuente. Es un tópico que los profesores denuncien en clase los desmanes de una edición, o vayan comentando errores de interpretación de un texto y esta es una solución útil a esa necesidad del mundo académico.

Asimismo publicamos de manera sistemática, en un mismo catálogo, tesis doctorales y actas de congresos académicos, que son distribuidas a través de nuestra Web.

El servicio de «libros a la carta» funciona de dos formas.

1. Tenemos un fondo de libros digitalizados que usted puede personalizar en tiradas de al menos cinco ejemplares. Estas personalizaciones pueden ser de todo tipo: añadir notas de clase para uso de un grupo de estudiantes, introducir logos corporativos para uso con fines de marketing empresarial, etc. etc.

2. Buscamos libros descatalogados de otras editoriales y los reeditamos en tiradas cortas a petición de un cliente.